Laissons Faire
revue mensuelle de l'Institut Coppet

Rédacteur en chef : Benoît Malbranque

Comité d'honneur :

Christian Michel, entrepreneur, essayiste, président de Libertarian International, directeur de l'International Society for Individual Liberty (ISIL)

Robert Leroux, docteur en sciences sociales, professeur à l'Université d'Ottawa.

Gérard Minart, journaliste et essayiste, ancien rédacteur en chef à La Voix du Nord. Auteur de biographies de F. Bastiat, J.-B. Say, G. de Molinari et J. Rueff.

David Hart, historien des idées, directeur du projet Online Library of Liberty (OLL) pour le Liberty Fund à Indianapolis aux USA.

Mathieu Laine, entrepreneur, éditorialiste au Point et au Figaro, professeur affilié à Sciences-Po.

Philippe Nemo, professeur de philosophie politique et sociale à l'ESCP-Europe (École Supérieure de Commerce de Paris), essayiste et historien des idées politiques.

Alain Laurent, philosophe, essayiste et directeur des collections « Bibliothèque classique de la liberté » et « Penseurs de la liberté » aux éditions des Belles Lettres.

Frédéric Sautet, docteur en économie, ancien professeur à New York University et à George Mason, il enseigne désormais à la Catholic University of America.

Emmanuel Martin, docteur en économie, responsable du projet d'Atlas network « Libre Afrique » et directeur de l'Institute for Economic Studies – Europe (IES).

Guido Hülsmann, docteur en économie, professeur à l'université d'Angers et Senior Fellow au Mises Institute à Auburn (USA).

Cécile Philippe, docteur en économie, directrice de l'Institut économique Molinari.

Henri Lepage, membre de la Société du Mont-Pèlerin, fondateur de l'Institut Turgot.

Thierry Afschrift, spécialiste de droit fiscal, avocat au Barreau de Bruxelles, Anvers et Madrid, et professeur ordinaire à l'Université Libre de Bruxelles.

Laissons Faire

Publication mensuelle de l'Institut Coppet

www.institutcoppet.org

41ème Numéro ~ Janvier 2022

INSTITUT COPPET

Sommaire :

ÉTUDES	René Descartes, de la liberté divine à la liberté humaine, par Benoît Malbranque	5
TEXTES	Débat sur le ministère Turgot à l'Académie des sciences morales et politiques (1877) — Partie 1 sur 2.	13
	La bibliothèque nationale et le communisme, par Gustave de Molinari (1849)	44
RECENSION	Jean-Baptiste Say, *Œuvres complètes, volume III : Catéchisme d'économie politique et opuscules divers*, Economica, 2020.	46

René Descartes, de la liberté divine à la liberté humaine

Souvent méconnue ou sous-estimée, la contribution de Descartes au développement du libéralisme apparaît clairement à la lecture de ses œuvres et de sa correspondance. Dans le débat sur la liberté divine, il développe un argumentaire sur les limites de la raison humaine, qui fleurira chez les physiocrates et chez les économistes autrichiens. Sa philosophie du libre-arbitre, du progrès et de l'individu, n'est pas non plus sans une certaine justesse.

René Descartes (1596-1650), qui ouvre pour nous la modernité par sa conception de la philosophie, de la science et du progrès, se rattache fortement au milieu intellectuel dans lequel il a évolué et qui, de même que les échoppes et les mœurs des cités du temps, était extrêmement typique. Par vue rétrospective, ce milieu apparaît tout dominé par la théologie, cette théologie que Descartes, à l'instar des intellectuels ses contemporains, maîtrisait, à la suite de son instruction au collège des jésuites de La Flèche, et qui l'a toujours marqué, ou du moins suivi, au point que vingt-sept ans après sa sortie du collège jésuite, il pouvait écrire à son ami Mersenne qu'il avait emporté en voyage une somme de Saint Thomas d'Aquin et une Bible, ouvrages dont vraisemblablement il ne pouvait ou ne voulait pas s'affranchir totalement.[1] Ses ouvrages philosophiques subséquents restèrent empreints d'un fort fond théologique, et leur visée, leur objectif, fut en grande partie de nature religieuse : tantôt à fournir la preuve de l'existence de Dieu, tantôt de celle de l'immortalité de l'âme, entre autres choses.

Dans son examen de la notion de liberté, Descartes poursuivait, tout en s'en démarquant, les discussions engagées par les théologiens, à la suite de Saint Augustin, de Saint Thomas d'Aquin, et à travers des auteurs comme Francisco Suárez, Pierre de Bérulle, ou Guillaume Gibieuf, dont naturellement nous n'aurons pas à rendre un compte précis ici.

La première entrée de Descartes dans le champ de la question de la liberté, concerne une sorte de liberté qui nous paraîtra un peu vieillie : c'est celle de la *liberté divine*.

L'affaire, en elle-même, est assez simple. Nous savons que deux et deux font quatre et que cette vérité n'est affaire ni de temps ni de lieu. Nous savons pareillement que la somme des trois angles d'un triangle est égale à deux droits, et nous tenons cette vérité pour également *nécessaire*, dans le sens où il en est de l'essence d'un triangle d'avoir cette propriété, en sorte qu'on ne pourrait concevoir un triangle qui ne satisfasse pas à cette règle.

Or c'est une question sérieusement, je dirais même âprement débattue à cette époque, que de savoir si Dieu aurait pu faire qu'il en soit autrement. C'est le débat de la liberté divine, un débat étonnant pour nous, futile en apparence, et qui cependant a

---

[1] Lettre à Mersenne, 25 décembre 1639 ; *Correspondance de Descartes*, éd. PUF, 1941, vol. III, p. 301

conditionné une grande partie des premières discussions sur la notion de liberté, qu'on pourrait dire *humaine*, en comparaison.

Si Dieu est tout-puissant, comme il doit l'être évidemment selon la conception que s'en fait le chrétien, alors il aurait pu très bien, lorsqu'il a conçu le monde, faire que les principes que nous tenons pour certains ne soient pas : que par exemple les trois angles d'un triangle ne soient pas égaux à deux droits.

C'était, dans cette grande controverse, l'opinion de Descartes. « Je dis, écrivait-il au Père Marin Mersenne, que Dieu a été aussi libre de faire qu'il ne fût pas vrai que toutes les lignes tirées du centre à la circonférence fussent égales, comme de ne pas créer le monde. » [1] Cette position sauvegardait en Dieu la toute-puissance, tout en la raccordant à la certitude invincible des vérités premières, telles que deux et deux font quatre. « Encore que Dieu ait voulu que quelques vérités fussent nécessaires, écrit Descartes, ce n'est pas à dire qu'il les ait nécessairement voulues ; car c'est toute autre chose de vouloir qu'elles fussent nécessaires, et de le vouloir nécessairement, ou d'être nécessité à le vouloir. » [2] Autrement dit, Dieu a été libre dans la création des vérités nécessaires : et Descartes le professera contre l'opinion contraire de certains théologiens, comme Suárez, pour qui Dieu étant parfait, il connaît parfaitement toutes les vérités, mais cela n'implique pas qu'il aurait pu les faire autre qu'elles sont ; ou comme Bérulle, pour qui les vérités émanent de Dieu comme les rayons émanent du soleil, c'est-à-dire qu'elles sont issues de lui, elles sont en lui, mais on ne peut dire qu'il les crée librement.

La position « libérale » de Descartes ouvrait néanmoins plusieurs difficultés : la première, c'est que lorsqu'on dit de Dieu qu'il a pu faire que les lignes du centre à la circonférence ne soient pas égales dans un cercle, on n'explique pas comment il aurait pu faire cela autrement, c'est-à-dire quelle possibilité il avait en effet de produire la chose différemment.

Là intervient un argument de Descartes qui me semble trop peu examiné, qui d'ailleurs tempère fortement l'image un peu dogmatique qu'on a de lui, et qui ouvre des perspectives tout à fait intéressantes. C'est l'argument des limites de la raison humaine.

C'est le même argument qu'il développait déjà dans son premier écrit d'importance, les *Règles pour la direction de l'esprit* : « Rien ne me semble plus absurde, y écrivait-il, que de discuter hardiment sur les mystères de la nature, sur l'influence des cieux sur notre terre, sur la prédiction de l'avenir et autres choses semblables, et de n'avoir cependant jamais cherché si la raison humaine est capable de découvrir ces choses. » [3] Et il pose ainsi en effet cette règle, qu'« il ne faut s'occuper que des objets dont notre esprit paraît capable d'acquérir une connaissance certaine et indubitable », avant de prouver pourquoi, en s'arrêtant devant les recherches qui « dépassent les bornes de l'intelligence humaine », l'homme fait preuve de sagesse et de savoir, et non de maladresse ou d'inhabilité. [4]

En l'espèce, certainement si Dieu est tout-puissant et indifférent, c'est-à-dire s'il aurait pu créer ou ne pas créer le monde, le créer dans le temps ou de toute éternité, et selon tel principe ou tel autre, alors il a pu faire qu'une vérité aujourd'hui nécessaire ne soit pas. Mais il est vain, nous dit Descartes, de chercher à sonder *pourquoi* il s'est arrêté

---

[1] Lettre à Mersenne, 27 mai 1630 ; *Œuvres et Lettres*, éd. Pléiade, p. 938.
[2] Lettre à Mesland, 2 mai 1644 ; *Œuvres et Lettres*, éd. Pléiade, p. 1167.
[3] *Règles pour la direction de l'esprit* ; *Œuvres et Lettres*, éd. Pléiade, p. 65.
[4] *Ibid.*, p. 39, 64.

à créer le monde, à le créer dans le temps, et a fait que les principes que nous reconnaissons comme vrais, le soient en effet, comme il est vain de rechercher *comment* il aurait pu œuvrer différemment. *La raison humaine est trop faible* pour examiner de telles questions, et on peut dire de celles-ci que proprement elles dépassent les limites de la connaissance. « Je ne me dois point étonner, si mon intelligence n'est pas capable de comprendre pourquoi Dieu fait ce qu'il fait, et qu'ainsi je n'ai aucune raison de douter de son existence, de ce que peut-être je vois par expérience beaucoup d'autres choses, sans pouvoir comprendre pour quelle raison ni comment Dieu les a produites. Car, sachant déjà que ma nature est extrêmement faible et limitée, et que celle de Dieu au contraire est immense, incompréhensible et infinie, je n'ai plus de peine à reconnaître qu'il y a une infinité de choses en sa puissance desquelles les causes surpassent la portée de mon esprit. » [1]

Approfondissant la liberté divine de constituer un monde où les vérités que nous connaissons ne soient pas, Descartes écrit en effet : « Je n'oserais même pas dire que Dieu ne peut pas faire qu'une montagne soit sans vallée, ou qu'un et deux ne fassent pas trois ; mais je dis seulement qu'il m'a donné un esprit de telle nature que je ne saurais concevoir une montagne sans vallée ou une somme d'un et de deux qui ne soit pas trois ». [2] Ou en termes plus philosophiques, que « notre esprit est fini, et créé de telle nature qu'il peut concevoir comme possibles les choses que Dieu a voulu être véritablement possibles, mais non pas de telle sorte qu'il puisse aussi concevoir comme possibles celles que Dieu aurait pu rendre possibles, mais qu'il a toutefois voulu rendre impossibles. » [3] On ne peut tout simplement pas appliquer à l'entendement divin ce qu'on applique à notre propre entendement ; par conséquent, dire que nous ne concevons pas comment telle vérité puisse être autrement, ne signifie pas que Dieu ne puisse la concevoir autrement. Dieu peut très bien avoir créé librement des choses nécessaires, c'est-à-dire que, comme un roi donne des lois aux sujets de son royaume[4], il peut avoir choisi librement que deux et deux feront quatre, et que pour nous il n'en pourra pas être autrement.

Au-delà des apparences, l'argument est précieux, et ce pour deux raisons. D'abord parce qu'il rappelle que Descartes n'était pas un dogmatique de la raison, un rationaliste à tout prix, comme beaucoup ont voulu le représenter ; et j'ai en tête ici en particulier Friedrich A. Hayek, qui caractérisait le cartésianisme comme une tradition intellectuelle profondément antilibérale ; mais j'aurai l'occasion d'y revenir. La seconde raison, c'est que s'il est des domaines qui dépassent les limites de la connaissance humaine, il peut en être dit ainsi de certaines agitations et menées des hommes, qu'on prétend courber sous le joug uniforme d'une autorité supérieure. Ce sera le grand message des intellectuels libéraux français du XVIIIe siècle : il est certaines opérations, économiques et sociales, où l'autorité ne peut produire un résultat aussi satisfaisant que l'amas des volontés individuelles le pourrait, et où il convient par conséquent de *laisser faire*. « Un grand État ne peut ni ne doit être gouverné comme une famille où des yeux médiocres

---

[1] *Méditations* ; *Œuvres et Lettres*, éd. Pléiade, p. 303.
[2] Lettre à Arnauld, 29 juillet 1648 ; *Œuvres et Lettres*, éd. Pléiade, 1309-1310.
[3] Lettre à Mesland, 2 mai 1644 ; *Œuvres et Lettres*, éd. Pléiade, p. 1167.
[4] Lettre à Mersenne, 15 avril 1630 ; *Œuvres et Lettres*, éd. Pléiade, p. 933.

peuvent tout voir, tout compter, tout arranger en détail » dira le physiocrate Louis-Paul Abeille. [1] Or ceci est déjà contenu, en essence, chez Descartes.

Car celui-ci ne cantonne pas son appel aux limites de la raison à la question des motifs de Dieu. Ayant en vue la défense de la foi et de ses vérités, Descartes se concentrait naturellement sur cette connaissance de la divinité que nous pourrions avoir, connaissance imparfaite et « accommodée à la petite capacité de nos esprits »[2]. Mais il donnait encore, dans un ordre plus concret, d'autres exemples, comme celui du chiliogone, un polygone de mille côtés. « Que si je veux penser à un chiliogone, je conçois bien à la vérité que c'est une figure composée de mille côtés, aussi facilement que je conçois qu'un triangle est une figure composée de trois côtés seulement, mais je ne puis pas imaginer les mille côtés d'un chiliogone, comme je fais les trois d'un triangle, ni pour ainsi dire, les regarder comme présents avec les yeux de mon esprit. »[3] Ce n'est donc pas uniquement par l'infini, par le divin, qu'on touche les limites de notre raison ; c'est aussi par le trop complexe.

Descartes reçut plusieurs objections d'ordre théologique à ses principes, tel que celui-ci : si Dieu a créé librement les lois qui sont désormais pour nous des nécessités, peut-il en créer désormais d'autres, différentes et même contradictoires aux premières, et nous les imposer à nouveau comme nécessaires ? À cela Descartes trouvait dans la théologie une réponse aisée : Dieu étant un être parfait, et embrassant toute chose, il ne peut pas changer de volonté à un certain moment du temps, car cela emporterait contradiction : ou qu'il n'avait pas créé le monde parfaitement d'emblée, ou qu'il n'avait pas eu connaissance d'éléments qui lui ferait choisir désormais certaines dispositions qu'il n'avait d'abord pas choisies. [4] D'après Descartes, la perfection divine emporte la parfaite connaissance des fins et des moyens ; par conséquent Dieu avait parfaitement produit son œuvre ; par conséquent encore celui-ci n'aurait aucune raison de le refaire autrement qu'il n'est, et de changer les vérités que nous tenons pour certaines. Cet argument avait pour Descartes le mérite de la simplicité, quoiqu'il apportait aussi de la confusion dans son système philosophique et dans sa recherche scientifique des lois de la nature, qu'une autre conception théologique aurait pu rendre plus stable et assurée.

Pour donner une assise métaphysique stable et recevable à sa physique, Descartes se devait aussi de fournir des explications sur le libre arbitre et sur l'erreur. Il s'en acquitta de la manière suivante : « J'expérimente en moi-même une certaine puissance de juger, laquelle sans doute j'ai reçue de Dieu, de même que tout le reste des choses que je possède ; et comme il ne voudrait pas m'abuser, il est certain qu'il ne me l'a pas donnée telle que je puisse jamais faillir, lorsque j'en userai comme il faut. »[5] Il n'était en effet pas concevable pour lui d'affirmer que l'erreur provient de Dieu même : ce dernier étant bon et juste, il ne pourrait pas vouloir sciemment me tromper ; étant omniscient, il ne pourrait m'engager par mégarde sur une voie funeste. Dès lors, toutefois, une question se posait : pourquoi Dieu *permet-il* que je me trompe ?

Descartes répondait à cette interrogation en revenant sur son idée des limites de la raison. Nous nous trompons, non pas parce que Dieu le veut, mais parce que nous sommes des êtres finis, imparfaits. Mais dès lors surgissait une nouvelle objection :

---

[1] Louis-Paul Abeille, *Principes sur la liberté du commerce des grains*, 1768, p. 100.
[2] *Méditations*, Réponses aux objections ; *Œuvres et Lettres*, éd. Pléiade, p. 354.
[3] *Méditations* ; *Œuvres et Lettres*, éd. Pléiade, p. 318.
[4] Lettre à Mersenne, 15 avril 1630 ; *Œuvres et Lettres*, éd. Pléiade, p. 934.
[5] *Méditations* ; *Œuvres et Lettres*, éd. Pléiade, p. 301-302.

pourquoi Dieu, en créant le monde parfait, a-t-il voulu créer l'homme imparfait ; ou encore : pourquoi Dieu nous a-t-il créé libres, si cette liberté est pour nous l'occasion de nous tromper ?

Descartes ne s'en remit pas, ici, à une autre raison que celle qu'on lui a vu employer si fréquemment : Dieu l'a créé ainsi, car il a su que c'était là la perfection ; que nous, humains, ne soyons pas capables de le comprendre, ne résulte de rien d'autre que de l'écart infranchissable qu'il existe entre l'entendement divin et notre propre entendement. Le fait même que nous soyons portés à errer, à nous tromper, peut très bien participer à la perfection du monde, sans que nous ayons aucun moyen cognitif pour le concevoir. La difficulté essentielle vient, d'après notre auteur, de ce que nous avons déduit, du fait que nous avons été créés à l'image de Dieu, et comme le roi de la création, des conséquences qui n'en découlaient pas nécessairement.

Sur la nature de la liberté et du libre arbitre, Descartes fut également amené à produire des considérations personnelles, dans la fin de justifier ses principes philosophiques. Sur ce point il soutint que la libre volonté, en tant que puissance, est illimitée, et à ce titre qu'elle peut être dite aussi grande que celle de Dieu ; que cependant elle n'est ni aussi éclairée, ni aussi efficace, et c'est pourquoi l'homme peut se tromper. Certainement je suis libre de désirer telle ou telle fin, et de choisir tel ou tel moyen pour l'obtenir ; mais ce choix procédant à partir d'une intelligence bornée, me conduit fréquemment à l'erreur, et d'autant plus que je ne saurais employer justement ma raison.

L'erreur provient ainsi d'une défaillance de l'usage de notre libre arbitre, et il ne tient qu'à nous de raisonner judicieusement, en jugeant d'après une perception juste et distincte des choses. L'homme, de ce point de vue, peut se libérer de l'erreur : c'est en jugeant sainement des choses qu'il soumet à sa volonté, et ensuite, ce qu'il ne faut pas oublier, en s'abstenant de juger des choses qui dépassent son entendement. Dès lors, quand Descartes affirme que la science peut être parfaite, et qu'il ne tient qu'à nous de la rendre telle, il faut le prendre au mot, quoique ce soit sans oublier que dans sa conception il existe aussi des choses au-delà de la science, par exemple les notions de la divinité. « Car en effet ce n'est point une imperfection en Dieu, de ce qu'il m'a donné la liberté de donner mon jugement, ou de ne le pas donner, sur certaines choses dont il n'a pas mis une claire et distincte connaissance en mon entendement ; mais sans doute c'est en moi une imperfection, de ce que je n'en use pas bien, et que je donne témérairement mon jugement, sur des choses que je ne conçois qu'avec obscurité et confusion. »[1]

Dans son appréciation du libre arbitre (ou *franc arbitre*, comme l'on disait aussi), Descartes se heurtait à diverses représentations théologiques. Le grand Luis de Molina soutenait par exemple que nous sommes libres lorsque notre volonté peut se porter indifféremment sur l'un des objets de choix. Descartes récusa cette représentation, et la renversa. D'après lui, plus nous nous sentons attirés vers l'un des objets de choix, conduits par l'exercice de notre raison et de notre jugement, plus nous pouvons dire que nous choisissons librement : la conviction que nous avons de choisir bien, en affaiblissant notre indifférence entre les partis à prendre, renforce par cela même notre liberté. Pour citer ses mots, « cette indifférence que je sens lorsque je ne suis point

---

[1] *Méditations* ; *Œuvres et Lettres*, éd. Pléiade, p. 308.

emporté vers un côté plutôt que vers un autre par le poids d'aucune raison, est le plus bas degré de la liberté, et fait plutôt paraître un défaut dans la connaissance qu'une perfection dans la volonté : car si je connaissais toujours clairement ce qui est vrai et ce qui est bon, je ne serais jamais en peine de délibérer quel jugement et quel choix je devrais faire ; et ainsi je serais entièrement libre, sans jamais être indifférent. » [1] Aussi chez lui la liberté ne consiste pas à demeurer indifférent entre deux options qui nous seraient également ouvertes, mais à pencher délibérément vers l'une ou vers l'autre, selon ce que nous dicte notre conscience.

Concevoir la liberté parfaite comme une pure indifférence serait au surplus, selon notre auteur, méconnaître la distance immense qu'il existe entre l'homme et Dieu. Dieu peut être dit indifférent dans ses choix, dans la mesure où ceux-ci produisent ou emportent avec eux la conception du bien et du mal. Or l'homme, en délibérant sur ses choix, trouve déjà existante la notion du bien et du mal, et il ne pourrait être indifférent qu'en restant ignorant et incapable de raisonner. [2]

À travers son examen de la liberté divine et humaine, Descartes mettait ainsi en valeur les limites de la raison et l'incapacité de notre entendement à expliquer et comprendre certains phénomènes qui nous dépassent.

Il m'a paru très nécessaire d'évoquer ces idées en commençant, d'abord pour leur caractère fondateur, pour leur influence subséquente, quoique parfois discrète, sur les théoriciens de la liberté des siècles suivants ; mais aussi parce que leur interprète lui même, Descartes, a été, comme Montaigne, dont nous parlerons plus tard, l'objet de critiques tout à fait injustifiées, de la part de gens qui soit ne l'avaient pas lu en entier ou correctement, soit qui cherchaient désespérément un bouc-émissaire et qui imaginèrent que l'un et l'autre faisaient bien l'affaire.

Dans plusieurs de ses travaux, Friedrich A. Hayek critiqua ce qu'il appelait le constructivisme rationaliste, hérité de Descartes. Après avoir peut-être lu Descartes comme celui-ci craignait de l'être, c'est-à-dire « comme un roman, pour se désennuyer, et sans y avoir grande attention »[3], Hayek soutient que par ses « flatteuses suppositions sur les pouvoirs illimités de la raison humaine »[4] (*sic*), le cartésianisme aboutit à construire des utopies sur du sable mouvant et pave finalement la voie des totalitarismes. L'examen attentif des idées de Descartes prouve cependant que celui-ci maintenait côte à côte un programme scientifique ambitieux et une grande clairvoyance sur les limites de la raison humaine ; et il n'y a rien d'étonnant à ce que les derniers mots des *Méditations* soient précisément employés pour clamer une dernière fois qu'« il faut reconnaître l'infirmité et la faiblesse de notre nature ». [5] Loin d'aboutir à un culte de la raison, la philosophie cartésienne, bien comprise, ouvre même la voie, comme nous l'avons montré, à l'une des inspirations les plus géniales des penseurs libéraux du XVIIIe siècle, à savoir ce que nous appellerions l'impossibilité du planisme.

Au-delà, on peut même prouver que le cartésianisme inspira la recherche de lois et de principes dans le domaine de la politique et de l'économie, qui étaient restés longtemps les esclaves des préjugés et de la routine.

---

[1] *Ibid.*, p. 305.
[2] *Méditations*, Réponses aux objections ; *Œuvres et Lettres*, éd. Pléiade, p. 535-536.
[3] *Ibid.*, p. 372.
[4] F. Hayek, *La Constitution de la Liberté* [1960], éd. Institut Coppet, p. 83.
[5] *Méditations* ; *Œuvres et Lettres*, éd. Pléiade, p. 334.

On retrouve ce programme assez révolutionnaire, socle du mouvement des Lumières, dans l'éloge de Descartes par Antoine-Léonard Thomas, où on lit que : « L'art de procurer aux société la plus grande somme de bonheur possible est une des branches de philosophie des plus intéressantes ; et peut-être dans toute l'Europe est-elle moins avancée que n'était la physique avant la naissance de Descartes. Il y a des préjugés non moins puissants à renverser. Il y a d'anciens systèmes à détruire ; il y a des opinions et des coutumes funestes, et qui n'ont cessé de paraître telles que par l'empire de l'habitude. Les hommes réfléchissent si peu, qu'un mal qui se fait depuis cent ans leur paraît presque un bien. Ce serait une grande entreprise d'appliquer le doute de Descartes à ces objets, de les examiner pièce à pièce comme il examina ses idées, de faire une revue générale des coutumes, des usages et des lois, comme il fit la revue des systèmes, et de ne juger de tout que d'après sa grande maxime de l'évidence. »[1] L'année qui suivit cet Éloge, le physiocrate G.-F. Le Trosne reproduisait la même pensée, en l'appliquant aux questions économiques. Trois ans après avoir introduit dans les langues de l'Europe le mot « économiste », et tandis qu'à Paris, un professeur écossais du nom d'Adam Smith se faisait recevoir dans les salons, Le Trosne soulignait l'importance d'appliquer la méthode de Descartes, celle du doute, dans cette nouvelle science de l'économie politique : « Il s'agit de revenir sur les principes qu'on a suivis, particulièrement depuis un siècle, écrit-il ; de repasser sur toutes les opinions reçues, de les soumettre à une révision exacte, afin de ne rien admettre dont l'évidence n'ait été vérifiée, et d'appliquer le doute universel de Descartes à tous les points de la science économique. »[2] Le même Le Trosne était l'un des plus ardents avocats du *laissez faire*, principe auquel il fallait accorder la préférence, d'après lui, dans tous les domaines de la vie sociale où l'intervention de l'autorité ne pouvait que provoquer des dérangements. « C'est une maladie dont il serait bien temps de nous guérir, soulignait-il, que celle de vouloir tout régler, tout ordonner, et tout soumettre à nos vues si faibles et si courtes. »[3] Et constatant les méfaits de l'intervention publique dans la marche du commerce des grains, il en accusait les limites de la raison. « Tout ce désordre vient de ce que les hommes ont voulu administrer ce qui, de sa nature, doit être abandonné au libre concours des intérêts particuliers. En entreprenant de diriger le commerce et de gouverner les prix, ils ont méconnu la portée de leur faible intelligence ; ils ont essayé de tenir une balance qui leur échappe, et dont la direction surpasse leur pouvoir et leur force. »[4] Ce langage ne nous paraît-il pas un peu familier ?

Descartes est peut-être, tout bien considéré, un héros oublié du libéralisme français. Il a parlé de la liberté toute sa vie, dans des œuvres multiples et qui ouvrirent des perspectives nouvelles aux esprits qui entamèrent plus distinctement que lui l'édification du socle théorique libéral. Il a aussi vécu en homme libre, quittant l'atmosphère intellectuellement étouffante de Paris, pour rejoindre une contrée aussi riche que libre, la Hollande, et son « grand peuple fort actif et plus soigneux de ses propres affaires que curieux de celles d'autrui ».[5]

Comme cela est bien connu, la pensée de Descartes eut un impact considérable et son effet fut tout à fait révolutionnaire : tandis qu'à son époque on estimait encore une

---

[1] A.-L. Thomas, *Éloge de Descartes*, 1765 ; *Œuvres complètes de A.-L. Thomas*, 1825, vol. III, p. 382-383.
[2] *Journal de l'agriculture, du commerce et des finances*, juillet 1766, p. 60.
[3] *Éphémérides du citoyen*, 1765, volume I, p. 70.
[4] *Lettres à un ami sur les avantages de la liberté du commerce des grains et le danger des prohibitions*, 1768, p. 52
[5] *Discours de la méthode* ; *Œuvres et Lettres*, éd. Pléiade, p. 146.

théorie et un auteur par son ancienneté et sa capacité à avoir résisté au temps, lui sapait sciemment les fondements de l'autorité dans le domaine de la connaissance, et appelait à douter méthodiquement pour construire une science ferme et sûre, quoique nécessairement limitée par les bornes de la raison humaine. Ce fut un philosophe du progrès, en des temps où l'on n'estimait guère que la conservation.

Sa philosophie était celle de l'individu contre la masse, comme on ne le perçoit encore que trop faiblement. Nous citerons plus tard, en évoquant la question de la démocratie, ses propos sur la probabilité avec laquelle un individu unique peut se retrouver seul détenteur de la vérité, quand tout le siècle déraisonne, et qu'ainsi le faire taire, parce qu'il est dans la minorité, est proprement un acte aberrant. [1] À un autre endroit du *Discours de la méthode*, Descartes affirmait également qu'on trouverait plus aisément la vérité chez un homme qui raisonne pour son propre intérêt, que chez celui qui tisse des plans destinés à l'humanité ou à se faire valoir. Ce n'est peut-être pas une idée impropre pour achever ce chapitre. « Il me semblait, écrit-il, que je pourrais rencontrer beaucoup plus de vérité dans les raisonnements que chacun fait touchant les affaires qui lui importent, et dont l'événement le doit punir bientôt après s'il a mal jugé, que dans ceux que fait un homme de lettres dans son cabinet, touchant des spéculations qui ne produisent aucun effet, et qui ne lui sont d'autre conséquence, sinon que peut-être il en tirera d'autant plus de vanité qu'elles seront plus éloignées du sens commun, à cause qu'il aura dû employer d'autant plus d'esprit et d'artifice à tâcher de les rendre vraisemblables. » [2] De cette réflexion, jointe aux autres, à la doctrine de la liberté, il n'y avait guère que quelques pas.

Benoît Malbranque

---

[1] *Règles pour la direction de l'esprit*, Œuvres et Lettres, éd. Pléiade, p. 43.
[2] *Discours de la méthode* ; Œuvres et Lettres, éd. Pléiade, p. 131.

Les réformes économiques de Turgot et les causes de la Révolution

Partie 1 sur 2

En 1877, les économistes libéraux de l'Académie retracent de manière critique le passage de Turgot au Contrôle général des Finances, ministère dont on fête alors le centenaire, et qui vient d'être éclairé par un grand ouvrage de Pierre Foncin. Pour certains, comme Fustel de Coulanges, Turgot a une grande part de responsabilité dans l'échec de ses réformes, et il ne faudrait pas voir de la sagesse dans un homme qui tente volontairement l'impossible. D'autres font valoir les oppositions et les mérites intrinsèques du ministre, qui reste grand au milieu de l'adversité.

LES RÉFORMES ÉCONOMIQUES DE TURGOT ET LES CAUSES DE LA RÉVOLUTION. — *Discussion à l'Académie des sciences morales et politiques entre MM. Fustel de Coulanges, Ch. Giraud, Baudrillart, Hyppolite Passy, Nourrisson, de Parieu, de Lavergne, Henri Martin et Joseph Garnier.*

SOMMAIRE : Les abus, les préjugés, les obstacles aux réformes à la fin du XVIIIe siècle. — Louis XVI, la cour, le parlement, la noblesse et les autres classes de la société. — Turgot apprécié comme homme d'État. — Portée et opportunité de ses réformes. — La Révolution pouvait-elle être évitée ?

Cette intéressante discussion a été provoquée par la lecture d'un rapport de M. Fustel de Coulanges sur un ouvrage de M. Foncin, intitulé *le Ministère de Turgot* ; nous la reproduisons d'après le *Compte-rendu des séances et travaux de l'Académie des sciences morales et politiques*[1].

M. Fustel de Coulanges : — Ce sujet le *Ministère de Turgot* a déjà occupé beaucoup d'historiens[2]. M. Foncin, venant après tant d'autres, a tout d'abord cherché des documents nouveaux, et il en a trouvé. Aux archives nationales, il a dépouillé deux cartons remplis de lettres dictées par Turgot, et plusieurs dossiers parmi lesquels il a rencontré quelques lettres du grand ministre. Aux archives départementales de la Gironde il a mis la main sur la correspondance complète qui fut échangée entre l'intendant et le contrôleur-général.

---

[1] Publié par M. Vergé, membre de l'Académie.
[2] Dupont (de Nemours), *Mémoires sur la vie et les œuvres de M. Turgot*, — Condorcet, *Vie de Turgot*, 1786 ; — E. Daire, *Notice sur la vie de Turgot*, 1844 ; — Baudrillart, *Éloge de Turgot*, 1846 ; — Batbie, *Turgot philosophe, économiste, administrateur*, 1861, — Mastier, *Turgot, sa vie et sa doctrine*, 1862 ; — L. de Lavergne, *Les économistes français du XVIIIe siècle*, 1870 ; — d'Hugues, *Turgot, intendant à Limoges*, 1859 ; Henri Martin, *Hist. de France*, livre CIII.

Il est probable que, s'il avait pu faire les mêmes recherches dans les archives de plusieurs autres départements, il aurait eu la même bonne fortune. Il sait mieux que personne qu'il reste encore beaucoup à trouver. La famille de Turgot elle-même possède de nombreux papiers qu'elle promet de mettre en ordre et d'étudier.

Dans l'état actuel, il y a un trop grand nombre de faits de cette époque qui ne nous sont connus que par des mémoires, or, ces mémoires, sauf de rares exceptions, ont un caractère de légèreté ou de parti-pris qui leur ôte beaucoup de notre confiance. Il existait aussi à cette époque plusieurs publications qu'on appelait des correspondances et qui enregistraient au jour le jour les nouvelles de la cour et de la ville, de la politique et des lettres. Telle était, par exemple, la correspondance dite Métra, du nom du banquier qui en faisait les frais ; elle était imprimée en Allemagne, mais sur des lettres envoyées de Paris par des hommes dont on ne sait pas les noms. C'était le journalisme du temps, journalisme impersonnel, irresponsable, sans autorité, déjà friand d'anecdotes, de petites intrigues et même de scandales. On voit quel danger il y aurait pour l'historien à ne s'appuyer que sur de tels mémoires et de telles correspondances. On doit donc désirer que le nombre des documents authentiques augmente, c'est alors seulement que l'on connaîtra bien le ministère de Turgot.

Il faut savoir gré à M. Foncin d'avoir fait de nouvelles recherches. Son livre n'est pas une œuvre de parti, mais une œuvre d'histoire. Il y a beaucoup d'hommes pour qui Turgot est *a priori*, suivant l'opinion qu'ils professent, ou un grand homme ou un homme funeste. M. Foncin n'a pas de ces jugements préconçus. Il ne cache pas son admiration, mais il se préoccupe surtout de raconter, de décrire, d'être exact. Sa méthode générale est celle qui convient à toute œuvre historique. Il procède par analyse, réservant la synthèse et les appréciations personnelles pour les dernières pages du livre. Il nous présente, non des généralités, mais une série de faits observés attentivement, exposés par ordre chronologique et minutieusement éclaircis. Ce sont d'abord quelques réformes opérées dans la marine et dans l'administration des colonies pendant le peu de semaines où Turgot s'est trouvé à la tête de ce département. Puis, quand il est contrôleur-général, c'est son budget de recettes et de dépenses ; ce sont ses relations avec la ferme générale, ce sont ses mesures pour assurer le libre commerce des grains ; c'est ensuite la suppression de la corvée, c'est l'abolition des corporations industrielles. Je n'indique que les faits principaux ; mais M. Foncin en décrit beaucoup d'autres ; il ne néglige rien, sachant bien qu'en matière d'administration tout se tient et qu'il n'y a rien qui n'ait quelque importance.

Cette étude si rigoureuse et ce détail si complet ne sont certainement pas de nature à diminuer notre admiration pour Turgot. Sur l'élévation un peu hautaine de son caractère et de son esprit, sur sa passion du bien public, sur son désintéressement, sur son ambition même qui ne laissait pas d'être très grande, mais qui était l'ambition d'une belle âme et qui se confondait avec l'amour du bien, il n'y a rien à ajouter, rien à contredire. Seulement, sur les mérites de l'homme d'État, les opinions peuvent différer et l'on peut faire quelques réserves. M. Foncin ne paraît pas admettre qu'il ait rien manqué à son héros. Dans le chapitre qui lui sert de conclusion et de jugement définitif, il commence par présenter le portrait idéal de l'homme d'État parfait ; puis il place à côté, tout à côté, le portrait de Turgot, comme s'il était, à peu de chose près, la réalisation complète de cet idéal[1]. L'homme d'État doit avoir des connaissances étendues et sûres

---

[1] V. p. 509.

en matière de droit public, de droit privé, de finances, d'agriculture, d'industrie, de commerce ; Turgot possédait ces connaissances. Il faut que l'homme d'État soit à la fois philosophe et économiste, penseur et homme pratique ; Turgot était tout cela. L'homme d'État doit avoir un ardent amour de la justice ; nul n'en était plus plein que Turgot. Il doit avoir le courage pour soutenir l'inévitable lutte ; Turgot prouva qu'il avait le courage et la légitime obstination.

Mais dans cet idéal de l'homme d'État un trait manque, et je crois qu'il est essentiel. Ce qui caractérise le véritable homme d'État, c'est le succès. On le reconnaît surtout à ce signe qu'il réussit. Et pourquoi ? Ce n'est pas que nous adorions la fortune, mais c'est parce que le gouvernement des peuples n'est pas une spéculation pure. Il ne suffit pas à l'homme d'État comme au philosophe que ses vues soient conformes à un idéal de morale et de logique ; ce qui importe avant tout, c'est qu'elles soient applicables ; il faut qu'elles s'adaptent aux intérêts complexes, aux besoins variés, même aux passions et quelquefois aux préjugés ou aux erreurs des hommes. C'est alors seulement qu'il peut exercer une action sur la société et la rendre ou plus forte, ou plus prospère, ou meilleure. S'il ne réussit pas, si la société sort de ses mains telle qu'il l'avait reçue, on pourra dire de lui qu'il est un penseur profond ou un courageux initiateur, on ne reconnaîtra pas volontiers qu'il soit un homme d'État parfait. L'instinct des nations juge l'homme d'État plus par le succès que par le mérite. Il ne place pas Turgot à côté de Richelieu ; il aime et estime Turgot bien davantage, mais c'est Richelieu qu'il appelle un homme d'État.

Et pourquoi Turgot n'a pas réussi ? On est tout d'abord porté à croire que la faute n'en doit pas être à lui. M. Foncin s'attache à montrer les ennemis qui le poursuivaient, les faux amis qui le trahissaient, les intrigues dont il était enveloppé. Tout cela est vrai, mais il oublie de montrer en même temps qu'il y avait dans l'esprit même de Turgot une raison de ne pas réussir ; il croyait le succès trop facile. Cette illusion perce dans tous ses actes et tous ses écrits ; elle était partagée, exagérée peut-être, par les amis qui l'entouraient et qui travaillaient avec lui. Turgot, Dupont de Nemours, Morellet, Condorcet semblent avoir cru qu'il suffisait de vouloir le bien, et d'être au pouvoir, pour l'accomplir. Qu'on lise, par exemple, le mémoire sur les municipalités, qui exprime bien la pensée de Turgot et de son entourage ; on y verra quelle idée fausse ces hommes honnêtes et ces esprits élevés se faisaient de la politique . « Elle n'exige pas, disent-ils, une fort longue étude et ne passe les forces d'aucun homme de bien. » Comment ! la science qui consiste à gouverner les hommes serait une science si facile ? Il n'y faudrait presque pas d'études ? Elle serait en quelque sorte innée dans l'esprit comme la morale, et le premier venu, à la seule condition d'être homme de bien, serait maître ? Je ne pense pas que les vrais hommes d'État se soient jamais fait cette illusion, et l'histoire montre qu'en général ceux qui ont cru que la politique fût chose facile n'y ont pas réussi.

L'auteur de ce même mémoire sur les municipalités recommande au roi la création d'un vaste réseau d'assemblées s'étendant sur toute la France : assemblées de paroisses, de villes, d'arrondissements, de provinces et, enfin, « municipalité générale, centre commun de toutes les municipalités du royaume ». Rien de mieux ; à quelques détails près, ce plan est réalisable ; mais l'illusion commence ici : l'auteur croit que ces municipalités élues par la population aideront toujours le gouvernement et ne le gêneront jamais. « Rien ne serait plus facile que de faire demander par ces assemblées les réformes que Votre Majesté aurait préparées.... Tous les obstacles seraient levés par l'union du vœu national à votre volonté. » Et il ajoute : « Si, *par impossible,* les assemblées ne s'y portaient pas, vous n'en seriez pas moins le maître de faire ces réformes de votre seule autorité[1]. » Ainsi Turgot et Dupont de Nemours, Turgot qui a inspiré ce mémoire, et Dupont de Nemours qui probablement l'a écrit, croyaient que rien ne serait plus aisé que de manier des assemblées élues par la population. Ils supposaient dès l'abord que ces assemblées entreraient complètement dans leurs vues et que, par ce seul motif que Turgot aimait le bien et le juste, toutes ces assemblées penseraient comme Turgot. Ils ne doutaient pas qu'une assemblée nationale ne fût parfaitement unie, qu'elle ne fût animée tout entière de l'amour des réformes, et tout entière de l'amour des mêmes réformes. Ils promettaient que « ces assemblées n'auraient ni la confusion, ni les intrigues, ni l'esprit de corps, ni les animosités et les préjugés d'ordre à ordre[2] ». Enfin, s'ils admettaient que, *par impossible,* il y eût un désaccord entre le gouvernement et l'assemblée, ils assuraient que la victoire resterait toujours et sans peine au gouvernement.

Il était dans la nature d'esprit de Turgot de dédaigner les difficultés, ou de ne pas les voir, et il y avait là pour lui une cause d'insuccès. Il ne faut pas accorder trop d'importance à quelques rivalités personnelles et à quelques intérêts lésés. Ce n'est pas une conspiration de courtisans et des croupiers qui a fait tomber Turgot. Richelieu avait rencontré de bien autres conspirations, et il était resté debout. Mais c'est que Richelieu, avec un sentiment très vif des difficultés, se préoccupait moins encore du bien à accomplir, que de la résistance à briser, et en toute entreprise il allait d'abord droit à l'obstacle. Turgot, avec sa passion du bien, commençait par faire sa réforme et laissait subsister l'obstacle, comme s'il ne pouvait manquer de disparaître de lui-même.

Or, pour Turgot, l'obstacle était partout. La société était constituée de telle sorte qu'il n'y avait pas une classe, pas un intérêt, presque pas une opinion qui ne lui fût hostile. — Le clergé était encore un ordre dans l'État et le premier en dignité, le premier par la richesse, le moins dépendant, le mieux organisé, le mieux discipliné, et très influent encore sur la majorité des hommes ; ce clergé était donc une force sous Louis XVI, et il était visiblement contraire aux réformes de Turgot. — La noblesse n'avait plus, à la vérité, ni force, ni richesse, ni indépendance à l'égard du roi, ni prestige à l'égard du peuple ; mais la cour, qui était composée de noblesse, avait dans ce gouvernement monarchique une influence naturelle et inévitable ; or, la noblesse et la cour désiraient quelques réformes, cela est hors de doute, mais elles ne désiraient pas les mêmes réformes que Turgot. — Les parlements étaient alors ce qu'il y avait de plus puissant en France après la royauté et le clergé ; ils étaient la tête d'un corps immense qui comprenait tous les tribunaux, tous les avocats, tous ceux qui vivaient des procès ou du maniement des intérêts des hommes. Ce corps était très avide de changements, mais il souhaitait que les réformes fussent opérées par lui-même et il n'était pas disposé à les recevoir de la royauté. La plus vive résistance que rencontra Turgot fut celle des parlements. — Restaient les classes inférieures ; mais elles ne pouvaient pas être un appui ; bien au contraire, leur ignorance et leurs passions étaient un embarras pour les réformateurs, comme le prouva la *guerre des farines.* Turgot se trompait donc quand il croyait être soutenu par l'esprit public ; l'esprit public était presque unanime contre lui.

Aussi ne faut-il pas s'étonner que les réformes de Turgot n'aient pas duré ; ce qui est plus étonnant et plus remarquable, c'est qu'elles aient été essayées. On est frappé de tout ce qu'il a fallu d'énergie au gouvernement de Louis XVI pour affranchir le

---

[1] *Œuvres de Turgot,* t. II, p. 549.
[2] *Œuvres de Turgot,* t. II, p. 548.

commerce des grains, pour supprimer la corvée, pour abolir un moment les corporations. Ces réformes, qui étaient si justes et si utiles, n'ont été opérées que par la force ; elles ont été imposées à la France. Lorsque ensuite Louis XVI a renvoyé Turgot et retiré ses réformes, il a agi contrairement aux vues de quelques nobles esprits, mais conformément aux réclamations presque universelles de l'esprit public.

On a dit, mais bien plus tard, que Turgot aurait évité la Révolution en la rendant inutile. On s'est figuré volontiers qu'il l'aurait accomplie pacifiquement. Pure hypothèse, et bien peu probable. Le très court ministère de Turgot fut loin d'être paisible. Que ses réformes fussent conformes à l'équité et avantageuses au pays, c'est ce qui est incontestable ; mais qu'elles fussent acceptées par la majorité du pays et qu'elles pussent être accomplies pacifiquement, c'est ce qui n'est nullement certain. Il est visible, au contraire, qu'elles n'ont été décrétées un moment que par un effort de la volonté royale, et qu'elles n'auraient pu durer que par la persistance de ce grand effort. Supposons que le 14 mai 1774, Louis XVI, au lieu de renvoyer ses ministres, se fût obstiné à les garder, est-il bien sûr, d'abord, que le roi eût été de force à résister à des oppositions qui dès lors ne se fussent plus adressées au ministère seul, mais à la monarchie ? Puis, s'il eût eu cette force, s'il l'eût eue pendant dix ans, pendant vingt ans, que serait-il arrivé ? Croit-on que la Révolution se fût accomplie pour cela ? On se représente ordinairement Turgot comme une sorte d'incarnation du vœu national se levant contre l'ancienne monarchie. Ses contemporains ne se sont pas fait de lui cette idée, et je crains qu'elle ne soit en effet fort inexacte. On eût probablement beaucoup surpris cet ancien fonctionnaire de la royauté si on lui eût dit qu'il venait la renverser ou seulement l'amoindrir. Une telle pensée ne ressort ni de ses actes ni de ses écrits, et l'on sait qu'elle n'était pas non plus dans l'esprit de la plupart de ses amis ni dans celui des économistes qui furent ses maîtres. Turgot est, tout au contraire, un homme de gouvernement monarchique. Il n'en conçoit pas d'autre. Ce qu'il souhaite visiblement, c'est une royauté qui se charge seule de faire le bonheur des hommes et qui soit toute-puissante pour le faire. Aussi veut-il que le roi soit « un législateur absolu ». « On n'oserait contester à votre Majesté pour réformer les abus, dit-il, un pouvoir aussi étendu que celui des princes vos prédécesseurs qui ont donné lieu à ces abus[1]. » De sorte que Turgot se borne à remplacer un despotisme malfaisant par un despotisme bienfaisant. Il reconnaît au roi jusqu'au droit de changer les institutions existantes par sa seule volonté et au nom de sa seule conscience : « Il n'y a rien, lui dit-il, qui puisse vous asservir à ne pas changer les institutions quand vous avez reconnu que ce changement est juste[2]. » Les générations précédentes avaient accordé à Louis XIV une puissance absolue pour maintenir et conserver ; Turgot allait bien plus loin, puisqu'il reconnaissait au roi un pouvoir absolu même pour transformer. Il est vrai qu'il entremêlait à tout cela quelques formules générales sur les droits de la nation ; mais de telles formules n'ont jamais été incompatibles avec l'absolutisme le plus complet. Même dans le mémoire sur les municipalités qui est le plus hardi des vœux de Turgot, on ne trouve pas la pensée de la liberté politique ; à cette grande représentation nationale il n'accorde pas même le droit de voter les impôts. «

---

[1] *Œuvres de Turgot*, t, II, p. 503.
[2] *Ibid.*, p. 503.

Cette assemblée, dit-il, ferait le partage des impositions entre les provinces ; Votre Majesté ferait déclarer par son ministre des finances les sommes dont elle aurait besoin... L'assemblée pourrait éclairer sur la répartition des impôts ; elle n'aurait aucune autorité pour s'opposer aux opérations que la réforme de vos finances exige[1]. » Cette assemblée nationale ne serait donc pas un pouvoir public ; elle serait un moyen de gouvernement, une sorte de ressort destiné, ainsi qu'on le dit formellement, « à rassembler dans la main du roi toutes les forces de sa nation et à les rendre faciles à diriger[2]. » Dira-t-on que l'auteur du mémoire voulait, en tenant ce langage, abuser Louis XVI et obtenir plus facilement les réformes ? C'est une supposition que rien n'autorise et que le caractère connu de Turgot et de ses amis repousse. Il est hors de doute que Turgot travaillait à fonder les libertés économiques ; on peut croire qu'il tendait aussi à se rapprocher de l'égalité sociale ; mais il n'y a pas de preuve qu'il ait songé sérieusement aux libertés politiques.

Cependant, à l'époque même où Turgot était ministre, il ne manquait pas d'hommes en France qui avaient le goût de la liberté en politique et qui désiraient que les différentes parties de la nation prissent quelque part à la direction des affaires. Mais il se trouvait que ce goût de liberté ne se rencontrait guère que chez ceux-là même qui voulaient conserver quelque inégalité sociale, c'est-à-dire dans une partie de la noblesse et dans le corps parlementaire. C'était chez ces deux classes que le retour des États généraux étaient souhaité. C'était d'elles que partaient les plaintes contre le despotisme des derniers règnes. C'était chez elles que l'on demandait que tout impôt fût consenti et voté par les représentants de ceux qui auraient à le payer. C'était chez elles qu'on aimait à rappeler « qu'il existait des lois fondamentales » supérieures au caprice des monarques. C'était chez elles enfin qu'on doutait que le roi, fût-il animé des meilleures intentions, eût le droit d'accomplir par sa seule volonté un changement dans l'ordre social. Turgot n'avait pas ce doute, et uniquement occupé du bien à accomplir, il trouvait tout simple qu'il fût accompli par des ordonnances royales et par des lits de justice. Briser la résistance des parlements lui semblait juste, et il ne considérait pas que ces parlements, quelle que fût leur insuffisance, avaient au moins ce mérite d'être la seule force qui pût mettre quelque borne à l'omnipotence des rois. On les a fort accusés, et à beaucoup d'égards on a eu raison ; pourtant, si l'on se place par la pensée au milieu de ce temps-là, on pourra se demander lequel était le plus dans la voie de la liberté, du ministre qui voulait que la royauté changeât par décret l'état social du pays, ou du parlement qui posait comme première règle que la royauté ne fût pas armée d'un tel droit.

Aussi se trouve-t-il cette singularité dans l'œuvre de Turgot que toutes ses réformes et toutes ses tentatives avaient pour conséquence immédiate, sans qu'il le voulût peut-être, d'augmenter le pouvoir royal. Quand il établissait la liberté du commerce des grains à l'intérieur du royaume, il ne songeait sans doute qu'à réaliser d'excellents principes de la science économique ; mais en même temps il faisait disparaître l'une des rares manifestations de la vie locale et provinciale qui subsistaient encore, et cette utile réforme avait pour premier effet d'augmenter la centralisation. Lorsqu'il abolissait la corvée pour l'entretien des routes, il ne voulait qu'améliorer le sort des paysans ; mais en même temps il mettait dans la main du roi un nouvel impôt, et surtout il rendait le gouvernement absolument maître en matière de travaux publics ; les abus perdaient du

---

[1] *Ibid.*, t. II, p. 540, 548.
[2] *Ibid.*, p. 506.

terrain, mais la centralisation en gagnait encore. — L'abolition des corporations industrielles devait produire des effets de même nature ; auparavant, les innombrables conflits qui surgissaient parmi les patrons ou bien entre patrons et ouvriers, avaient été jugés dans l'intérieur de la corporation par un petit tribunal indépendant du gouvernement et élu, du moins le plus souvent, par la corporation même. En abolissant ce régime, Turgot ne supprimait assurément pas les sources de conflits, mais il en remettait le jugement aux seuls agents royaux. À un système dans lequel les patrons et les ouvriers étaient à la fois protégés et retenus par un organisme professionnel, il substituait un système où « ils étaient constitués sous la protection et discipline de la police . » Ces mille petits corps qui étaient sans doute pleins d'abus et d'iniquités, mais qui du moins marchaient seuls et vivaient par eux-mêmes, il les remplaçait par une vaste classe industrielle que le gouvernement devait diriger, soutenir et contenir. De même encore, lorsqu'il présentait au roi un nouveau plan d'éducation nationale, il n'avait sans doute en vue que « de former des hommes vertueux et utiles, des cœurs purs, des citoyens zélés », mais en même temps il mettait dans la main du roi toute l'éducation de la jeunesse, qui jusqu'alors étaient restée en dehors de l'autorité du gouvernement. Il demandait au roi « que l'instruction nationale fût dirigée par un de ses conseils » ; « que ce conseil fit composer les livres classiques, » et que « les professeurs fussent obligés d'enseigner ces livres . » C'était ajouter à tous les pouvoirs qu'avait déjà la monarchie, le seul pouvoir qui lui manquât dans l'Ancien régime. Le résultat inévitable de toutes ces réformes, à supposer que la royauté fût assez forte pour les accomplir, eût été d'augmenter encore sa force. Se figure-t-on bien ce que fût devenue alors cette énorme puissance de la monarchie, délivrée depuis longtemps de la concurrence de la noblesse, disposant du clergé, réduisant les parlements au silence, ayant un réseau de fonctionnaires tout puissants dans les provinces, levant les impôts à son gré, réglementant le commerce et l'industrie, dirigeant même l'éducation, tout cela sans nul contrôle et sans qu'aucune assemblée vraiment nationale partageât l'autorité avec elle ? Louis XVI eût été plus absolu de beaucoup que n'avait été Louis XIV. Pouvant tout et faisant tout, il eût été la providence du royaume.

Si l'on fait donc cette hypothèse que Turgot et Louis XVI auraient pu accomplir la révolution, encore faut-il reconnaître que cette révolution n'aurait pas été de même nature que celle qui a commencé en 1789.

Je me suis laissé entraîner à ces réflexions en lisant le livre de M. Foncin ; mais en faisant ces réserves sur quelques jugements que porte l'auteur dans ses derniers chapitres et quelques lacunes qu'il me semble voir dans son travail, je ne dois que des éloges à l'exactitude qu'il apporte en général à l'étude des faits. Il en a éclairé plusieurs, et si son livre n'est pas définitif (il ne le croit pas, puisqu'il annonce l'intention de le retoucher et de le compléter à l'aide de nouveaux documents), il est du moins un livre sérieusement fait et utile. C'est pour cela que j'ose l'offrir, de sa part, à l'Académie.

M. Ch. Giraud, tout en partageant sur quelques points l'opinion de son savant confrère, lui fait remarquer que, parmi les résistances qui ont fait avorter les projets de Turgot, il en est une dont il n'a pas assez tenu compte, et qui à elle seule suffisait pour paralyser tous les efforts de l'illustre ministre : c'est celle du roi. On trouve la preuve de cette résistance dans une foule de monuments et surtout dans les nombreuses annotations dont Louis XVI a chargé de sa main le mémoire que lui avait remis Turgot. Ce mémoire annoté par le roi se trouve dans l'ouvrage de Soulavie, en 6 vol., intitulé : *Mémoires sur Louis XVI et Marie-Antoinette.*

Or, quoique à certains égards Soulavie mérite peu de confiance, on sait qu'il a eu entre les mains des documents originaux en très grand nombre, et il n'y a aucun doute sérieux à proposer sur l'authenticité de la pièce en question. Turgot avait donc contre lui le roi et, en outre, ce qu'on appelait le parti de la cour, à la tête duquel se trouvait Marie-Antoinette, comme le prouvent la correspondance de Mercy d'Argenteau avec la cour de Vienne et les lettres échangées entre Marie-Antoinette et sa mère Marie-Thérèse. Ces résistances, dont Turgot fut victime, autorisent-elles à lui refuser le titre d'homme d'État ? M. Giraud ne le pense pas ; au-dessus du succès qui dépend souvent de circonstances accidentelles, il place le mérite de la conception, la hauteur et la profondeur des idées. Richelieu, dit-on, a été un véritable homme d'État, parce qu'il a fait une œuvre durable. Mais Richelieu eut la bonne fortune de rencontrer en Louis XIII un prince qui entra constamment dans ses vues et lui remit entièrement les rênes de l'État. Sans cela, il est fort probable que Richelieu eût échoué. Le succès sans doute est un élément considérable pour l'appréciation des hommes d'État, mais ce n'est pas tout.

M. H. Baudrillart relève et examine tour à tour, dans le jugement porté sur Turgot par M. Fustel de Coulanges, ces quatre points :

1° Turgot n'était pas un véritable homme d'État ; 2° Il avait contre lui l'opinion de toutes les classes de la nation ; 3° Si ses projets eussent réussi, ils n'auraient abouti qu'à l'exagération du pouvoir absolu : 4° Enfin les réformes de Turgot n'étaient point l'accomplissement pacifique de la Révolution, et ne pouvaient prévenir la Révolution qui a éclaté en 1789.

Sur le premier point : Si Turgot a échoué, dit M. Fustel de Coulanges, il ne faut pas s'en prendre à des résistances intéressées, à la cour, à la noblesse, au parlement, mais bien à lui-même. On pourrait réfuter cette opinion directement en montrant que Turgot n'était pas, comme le croit M. Fustel de Coulanges, dépourvu des qualités de l'homme d'action, qu'il n'a pas commis les fautes qu'on lui reproche et qui mènent fatalement à un échec. Il faudrait pour cela prendre l'œuvre de Turgot partie par partie, et l'on verrait bien que Turgot, sans le supposer impeccable, n'a pas commis cette part de fautes qui mène fatalement à l'insuccès ; qu'il n'a pas laissé de faire à la cour et à la reine les concessions possibles et nécessaires.

Mais M. Baudrillart préfère suivre une méthode indirecte, qui ne sera pas moins concluante ; il fera voir qu'avant et après Turgot, tous les ministres réformateurs ont échoué depuis le règne de Louis XV, quels qu'aient été leur caractère, leur nature d'esprit et leur genre de conduite. Le premier exemple cité par M. Baudrillart est celui de Machault, ministre aimable et conciliant s'il en fût, sachant ménager tout le monde, même et surtout Mme de Pompadour, et bien modeste en ses vues de réforme, puisqu'en supprimant le dixième des biens et maintenant le dixième de retenue sur les pensions et appointements, il ne voulait qu'établir (édit du mois de mai 1749) la levée d'un vingtième sur tous les revenus. Il est vrai que « tous propriétaires, nobles et roturiers, privilégiés et non privilégiés, même les apanagistes et engagistes », étaient soumis au vingtième. Machault échoua par la résistance des états provinciaux et du clergé, et il fut renvoyé par le crédit de Mme. de Pompadour.

Machault avait tenté une réforme avant Turgot. Après Turgot, Necker n'est pas plus heureux. La politique de Necker consistait à éviter justement les écueils contre lesquels s'était brisé son prédécesseur. Ce n'est pas à lui qu'on peut reprocher d'avoir manqué de ménagements. Il voulait supprimer les offices inutiles ; mais il ajournait à longue échéance cette suppression, et promettait des indemnités. Il vit néanmoins éclater autour de lui la même tempête de récriminations, de malédictions et de sarcasmes. Vergennes déclarait qu'on ne pouvait tolérer à la tête de l'administration des finances cet étranger, ce républicain, ce protestant qui allait bouleverser le royaume. Les parlements firent des remontrances ; la cour se souleva ; bref, Necker fut brisé comme l'avait été Turgot.

Voilà deux ministres qui eurent assurément les qualités d'hommes d'État qui manquaient, dit-on, à Turgot. Ils ont échoué comme lui. M. Baudrillart en citera maintenant qui ont réussi avec un caractère plus difficile, des procédés plus durs et une impopularité bien mieux constatée. Il laisse de côté Richelieu et Mazarin, dont le rôle et la situation ne sont en rien comparables au rôle et à la situation de Turgot. Il ne cite pas non plus le ministre anglais Pitt ; il s'en tient à deux ministres français et économistes : à Sully et à Colbert. Nul ne fut plus hautain, plus rigide à l'égard des courtisans, de la noblesse, de la bourgeoisie même, que Sully. « Le valet est plus insolent que le maître », disait de lui le chef d'une députation de bourgeois, au sortir d'une audience où Sully l'avait étrangement malmené.

Colbert, que Mme de Sévigné appelait « l'homme de marbre », vécut et mourut impopulaire. Cependant, Sully et Colbert ont réussi, malgré tout ce qui, de leur temps, exerçait une influence dans l'État. C'est que, comme l'a dit M. Giraud, ils avaient pour eux, le premier, Henri IV, le second, Louis XIV. Turgot avait contre lui le roi, la reine, les princes, *les intéressés,* comme le reconnaît la fille de Necker, Mme de Staël, dans ses *Considérations sur la Révolution française*. Mais avait-il contre lui *tout le monde*, c'est-à-dire l'opinion publique ? Sur ce second point non plus que sur le premier, M. Baudrillart n'est d'accord avec son savant confrère, M. Fustel de Coulanges. Certes, encore une fois, Turgot avait contre lui ceux qui étaient atteints par ses réformes ; il avait aussi contre lui des inimitiés personnelles très vives, comme celle de Mme du Deffand, alliée aux Choiseul, reine d'un salon « d'ancien régime », et qui ne pardonnait pas à Turgot sa préférence pour Mlle de Lespinasse. Aussi Mme du Deffand traite-t-elle fort mal, dans ses lettres à Walpole, Malesherbes et Turgot ; elle appelle ce dernier « un sot animal ». Mais Walpole ne partage point son avis, et prend contre elle le parti de Turgot : « Tout le monde, écrivait Mme du Deffand, est contre M. Turgot, excepté *les économistes et les encyclopédistes* ». Mais les économistes et les encyclopédistes, c'était déjà bien quelque chose ; c'était la partie la plus éclairée, la plus intelligente de la société d'alors ; c'étaient ceux qui pensaient, et à leur tête Voltaire, dont l'opinion était beaucoup plus qu'une opinion individuelle. Or, Voltaire était enthousiaste de Turgot. M. Baudrillart cite divers passages de ses lettres, notamment de celles qu'il écrivait à l'abbé Morellet, au sujet de la liberté du commerce de grains et de l'abolition des corvées. « Ce seul mot de liberté du commerce, écrit par exemple Voltaire, vivifie tout, amène l'espérance et rend la terre plus fertile. » Ailleurs il appelle Turgot « le premier médecin du royaume. » — « M. Turgot, dit-il dans une autre lettre, vivifie tout d'un coup notre petite province ; il en sera autant du reste du royaume. L'abolition de la corvée est surtout un bienfait que la France n'oubliera jamais ».

Dans une lettre à M. Chabanon, du 8 février 1776, on lit : « Vous qui aimez M. Turgot, vous auriez été heureux de le voir béni par dix mille de nos habitants en attendant qu'il le soit de vingt millions de Français ». Et dans un autre encore : « Il faut absolument que je vous dise, au nom de dix à douze mille hommes, combien nous avons d'obligation à M. Turgot, à quel point son nom nous est cher, et dans quelle ivresse de joie nage notre petite province… Je sais que des fripons murmurent contre le bonheur public, ils croient que tout est perdu si le peuple est soulagé et le roi plus riche. Mais j'espère tout de la fermeté du roi, qui soutiendra son ministre contre une cabale odieuse. » Voltaire raconte encore que, dans huit paroisses de la province qu'il habite, les paysans ont célébré l'abolition des corvées par des danses, par des chants, par les cris de : « Vive le roi et M. Turgot ! » Plus tard, il déclare que la condamnation du livre de Boncerf sur l'abolition des droits féodaux « l'a pétrifié d'étonnement et de douleur ». Dans une foule d'autres lettres à divers personnages, Voltaire ne s'exprime pas avec moins de vivacité ; et il est certain qu'en parlant ainsi il dit ce que pensent beaucoup de Français. Et comment n'aurait-on pas approuvé celui qui favorisait si manifestement le commerce, l'agriculture, le travail ? On a parlé de la « guerre des farines », mal appréciée d'ailleurs, car elle fut la suite d'une disette ; mais on ne cite point le témoignage de Bachaumont qui décrit la *joie folle* des ouvriers de Paris, en apprenant l'abolition des jurandes.

Si Turgot avait contre lui la cour et les privilégiés, il avait donc pour lui, en France, une partie de l'opinion, et non la plus à dédaigner. Il en était de même au dehors. Ce n'était pas au hasard que Voltaire avait écrit un jour, « M. Turgot est un grand homme à l'étranger. » Ici encore, les témoignages abondent. On a vu que Walpole défendait Turgot contre Mme du Deffand, Bachaumont, dans ses *Mémoires secrets*, dit à propos des réformes de Turgot : « Le peuple anglais a été si enchanté de ce qu'il a appris de nos derniers édits, qu'il a fallu les lui traduire et qu'il y en a eu cinq ou six éditions ; que, dans plusieurs villes principales, à Bristol surtout, on a bu des toasts, on a faits des danses, on a célébré des fêtes en l'honneur de notre jeune roi et de son ministre ». Ce n'est pas tout, et les plus hautes approbations, celle de Marie-Thérèse, de Mercy-d'Argenteau, du comte de Creutz n'ont pas manqué à Turgot. Aucun de ces personnages ne se trompe sur les vraies causes de la chute du ministre réformateur ; tous regardent cette chute comme un malheur pour la France et pour le roi.

Sur le troisième point, M. Baudrillart pense, avec M. Fustel de Coulanges, que Turgot et les physiocrates avaient tort de ne point vouloir de contrepoids au pouvoir royal. Mais ils étaient en cela de l'opinion de Voltaire et de bien d'autres esprits pourtant bien libéraux. Les idées de régime constitutionnel ou républicain étaient alors fort répandues, et l'on ne peut en vouloir à ceux qui, pour opérer des réformes, invoquaient la seule autorité qui existât : celle du roi. M. Baudrillart, pour son compte, préfère de beaucoup Turgot et Malesherbes, s'appuyant sur le pouvoir royal pour opérer des réformes nécessaires, aux Parlements dont l'opposition tracassière ne tendait qu'au maintien des privilèges et des abus.

Il ne faut pas oublier, d'ailleurs, qu'en même temps que Turgot demandait la liberté économique, son collègue Malesherbes, honoré comme lui des injures de Mme du Deffand, en butte comme lui à la haine de la cour et des privilégiés, et qui devait partager sa disgrâce, réclamait la liberté de conscience et l'abolition des lettres de cachet. Certes, ce n'était pas là le chemin du despotisme. Qui ne sait d'ailleurs que Turgot et les économistes opposaient le droit individuel au droit absorbant de l'État et voulaient que les hommes apprissent à se gouverner eux-mêmes ? M. Baudrillart s'étonne d'entendre son confrère reprocher à Turgot d'avoir voulu fonder un système d'éducation nationale. Cette idée a été réalisée plus tard, mais dans des conditions beaucoup moins libérales que celles qu'avait conçues Turgot. En toute matière, même en matière de cultes, Turgot admettait la concurrence, et si ses réformes et celles de Malesherbes avaient réussi, la France aurait fait, par la pratique de la liberté économique et civile, l'apprentissage de la liberté politique.

Reste le dernier point : celui de savoir si le succès de ces réformes eût empêché la Révolution. À cet égard, on ne peut rien affirmer ; mais il est permis de croire au moins que la Révolution eût été adoucie. Sans doute, on aurait eu de la peine à se mettre d'accord sur le partage des pouvoirs ; mais ne perdons pas de vue ce qui a surtout rendu terrible la bataille révolutionnaire, ce n'est pas la question politique : c'est la « question sociale », comme on dit aujourd'hui. Ce qui passionnait les masses populaires, c'était la conquête de l'égalité ; ce qui exaspérait la noblesse, le clergé, la haute bourgeoisie, c'était la perte de leurs privilèges, qui, à leurs yeux, étaient des droits sacrés.

Avec le succès des réformes de Turgot, le sacrifice de ces privilèges eût été un fait accompli ; c'était bien plus que la moitié de l'œuvre révolutionnaire. Turgot, en résumé, ne mérite donc que des éloges, quels qu'aient été ses défauts, et l'on ne peut s'en prendre à lui de son insuccès, puisque d'autres, avec les qualités qui lui manquaient, ont succombé comme lui, et que, par contre, d'autres encore, avec des défauts dont il est exempt, n'ont pas laissé de réussir.

M. H. Passy pense qu'à en juger par les faits accomplis, Turgot a voulu aller au-delà de ce qui était possible à l'époque où il a été appelé au ministère. Aussi, si, ce qu'il n'admet pas, le succès seul caractérise l'homme d'État, Turgot n'aurait pas droit à ce titre. Quant à l'observation que Turgot a cherché à ajouter à la puissance de la royauté en appelant son intervention dans un certain nombre d'affaires administratives dont jusqu'alors elle n'avait pas accepté la direction, il croit que Turgot n'a fait en cela qu'obéir à une nécessité évidente. Il y a pour les sociétés des moments où il est impossible de trouver dans leurs rangs l'appui nécessaire au succès des mesures les plus favorables à l'intérêt général, et la société française en était arrivée là. Ce dont, avant tout, la France avait besoin, c'était de la suppression d'abus qui commençaient à semer des irritations de plus en plus dangereuses, et qui depuis longtemps déjà, privaient le gouvernement de ressources financières devenues indispensables à l'accomplissement de sa tâche. Il fallait, pour amener la situation, attaquer les privilèges, et en France tout ce qui avait vie et force dans l'État, avait des privilèges, et n'entendait pas en sacrifier la moindre partie. Noblesse, clergé, parlement, bourgeois anoblis, corporations, jurandes pensaient de la même manière à cet égard, et du moment où il fut avéré que Turgot songeait à des réformes qui devaient amoindrir les avantages divers dont jouissaient les privilégiés, il les eut pour ennemis. Les preuves abondent sur ce point, et il n'y a pour lever tous les doutes, s'il en existait encore, qu'à se rappeler l'opposition du Parlement de Paris, le langage emporté de Joly de Fleury, de Séguier, de d'Épresmesnils chaque fois qu'il fut question de mesures destinées à modifier l'ordre de choses établi. À la cour même, malgré qu'on sût que le roi désirait le succès des œuvres de son ministre, Turgot rencontra des inimitiés d'une ardeur croissante. Un de ses secrétaires, Boncerf, avait publié un ouvrage sur les inconvénients des droits féodaux. L'auteur n'en proposait pas l'abolition ; mais il soutenait qu'il serait dangereux à ceux même qui en possédaient d'en accepter le remboursement, afin de dégager les terres des charges dont le poids incommode empêchait la hausse des fermages, et il conseillait au roi de donner l'exemple en ordonnant de procéder ainsi dans les domaines. C'était à la fois juste et prudent. Le Parlement n'en montra que plus de colère, et il rendit un arrêt en vertu duquel le livre fut brûlé par la main du bourreau. Cet arrêt fit grand bruit, et Turgot ayant demandé au duc de Nivernais, ancien ambassadeur de France en Angleterre, membre de l'Académie française et ami des philosophes du temps, s'il l'avait lu, reçu cette réponse : L'auteur est un fou, mais ce n'est pas un fou fieffé. Quand telle était la manière de voir d'un homme mis au rang des plus éclairés de la cour, on voit quel était l'esprit des hautes classes et combien il était impossible qu'elles admissent des réformes qu'elles croyaient attentatoires à leurs droits et contraires à leurs intérêts pécuniaires. Il n'y avait pas à attendre mieux de la petite noblesse, ni même de la majorité des gens en possession de charges publiques et leur devant l'exemption de la taille et d'autres immunités.

Tel était l'état intellectuel, et j'ajoute moral, de la société française que, parmi les classes dirigeantes, il n'y en avait plus une qui ne fût hostile à des réformes qu'elle jugeait devoir préjudicier à ses intérêts particuliers, et si Turgot ne compta que sur la royauté, il fut en cela de l'avis de Quesnay et des physiocrates, et en réalité des hommes les plus amis du bien public. Qu'on parcoure les écrits du temps, c'est toujours à la royauté que leurs auteurs demandent d'intervenir au profit des améliorations qui leur paraissent désirables et qui assurément l'étaient en effet. Il existe en un livre qui, au moment où il parut, était l'écho fidèle de la pensée qui alors dominait chez la plupart des hommes préoccupés du bien public. C'est le *parfait monarque* de Lanjuinais, le père de l'énergique et sage conventionnel. Ce livre est dédié à l'empereur Joseph II. L'auteur y parle des devoirs du monarque, et signale le bien qu'il doit proposer en vue de la félicité générale ; mais seul, il l'appelle à l'action et n'impose à son autorité ni entraves, ni limites. Au reste, il suffit d'y regarder d'un peu près pour reconnaître que telle que l'avait fait le passé la société ne pouvait plus guérir par elle-même les infirmités qu'elles subissait ; qu'elle eût refusé avec opiniâtreté les remèdes les plus salutaires et que seule la royauté, malgré ce qui lui avaient fait perdre les hontes et les désordres du règne de Louis XV, pouvait encore opérer victorieusement, et venir à bout des résistances des ordres et classes intéressées au maintien des privilèges.

Il est donc naturel que Turgot demandât au pouvoir royal un appui qu'il aurait vainement cherché ailleurs, et qu'au besoin il allât jusqu'à en étendre les attributions. Seulement il aurait fallu pour assurer la réalisation de ces projets un roi dont les convictions, dues à de longues méditations, fussent conformes aux siennes et qui, doué d'une très haute intelligence et d'un caractère résolu, n'hésitât pas à braver les tempêtes et à briser les obstacles. Or, de tels hommes, le ciel en est avare, et Louis XVI n'était pas l'un d'entre eux. Certes, il était bon, plein d'excellentes intentions, disposé à tous les sacrifices personnels que pourrait réclamer le bien général ; mais ce bien qu'il désirait, il n'en discernait pas toutes les conditions, et sa bonté naturelle souvent dégénérait en faiblesse et la laissait d'une fâcheuse indécision. À l'origine, il soutint fidèlement Turgot qui, comme lui, disait-il, aimait le peuple ; mais, quand il vit les vives attaques venant de toutes parts ; quand il sut quelles colères, quels mécontentements ils suscitaient jusque dans son entourage, il s'alarma, et laissa tomber Turgot comme il avait laissé tomber Malesherbes. On sait par la correspondance de Marie-Thérèse avec sa fille et son ambassadeur à Paris, publiée par MM. d'Arneth et Geffroy, quelles inimités entouraient Turgot à la cour et que la reine elle-même eût trouvé bon qu'on le fît passer du ministère à la Bastille.

Maintenant, Turgot a-t-il failli, faute d'avoir vu et mesuré la hauteur des obstacles que devait rencontrer l'exécution de ses desseins, et de ne s'être pas suffisamment rendu compte des possibilités du temps, en comprenant parmi les éléments de ces possibilités ce qu'il avait à attendre des dispositions de ses collègues et du caractère du roi ? Il n'est guère probable que l'on puisse s'entendre définitivement sur ce point ; voici cependant ce qui me semble être la réalité. Turgot a échoué, et on est en droit d'en conclure qu'il a voulu aller au-delà de ce qu'autorisaient les circonstances du moment.

Mais qu'on veuille bien se rappeler ce qu'étaient ces circonstances. L'édifice social tombait en ruine, et, si aucun effort n'était tenté pour le raffermir, il était certain qu'il ne tarderait pas à s'écrouler sur la tête de ceux même qui s'opposaient à des réparations, à des changements dont l'urgence croissait de jour en jour. Cela, sa correspondance en fait foi, Turgot le voyait, et comme quelques-uns de ses contemporains les plus clairvoyants, il ne doutait pas qu'il était plus que temps d'arrêter le cours progressif du mal. Certes, les chances de réussite étaient de beaucoup les moins nombreuses ; Turgot était trop sagace, avait vu les choses de trop près pendant son intendance du Limousin pour l'ignorer, il ne s'en dévoua pas moins à l'œuvre et la continua jusqu'au moment où les irritations qu'elle soulevait décidèrent sa chute. Doit-on lui reprocher d'avoir essayé et poursuivi une entreprise dont le succès devait inévitablement rencontrer des obstacles, suivant toute apparence insurmontables ? Si ce fut là une faute, elle a son excuse dans la conviction bien fondée où il était que, pour préserver la France de l'invasion des maux qui la menaçaient, il fallait, en agissant énergiquement, donner beaucoup au hasard. Cette faute, si c'en a été une, elle est de celles qui ne peuvent être commises que par un homme d'un noble esprit et d'un grand cœur.

M. Ch. Giraud a lu dans l'intervalle des deux séances, le livre de M. Foncin, et il est heureux de rendre justice au mérite de cet ouvrage ; mais son opinion sur le fond du débat reste entière, et il apporte à l'appui quelques citations qui montrent les hostilités implacables et toutes puissantes dont Turgot était entouré et devant lesquelles il a échoué.

M. Giraud cite d'abord un pamphlet publié par Monsieur, comte de Provence, lequel ne s'est fait faute d'écrire — sans les signer, bien entendu — un assez grand nombre de brochures de ce genre, dans lesquelles il n'épargnait personne, pas même la reine, sa belle-sœur. Le pamphlet dont il s'agit est intitulé *Le songe du comte de Maurepas*, et en autres traits malins on y trouve le portrait suivant de Turgot, tracé de la main du prince : « Il y avait alors, en France, un homme gauche, épais et lourd, né avec plus d'adresse que de caractère, plus d'entêtement que de fermeté ; d'impétuosité que de tact ; charlatan d'administration ainsi que de vertu ; fait pour décrier l'une, pour dégoûter de l'autre. Du reste, sauvage par amour-propre, timide par orgueil, aussi étranger aux hommes, qu'il n'avait jamais connus, qu'à la chose publique qu'il avait toujours mal aperçue. Il s'appelait Turgot. » Voilà pour le comte de Provence. Quant au roi lui-même, il y met plus de forme, plus de politesse ; mais son éloignement pour les idées de Turgot, sinon pour sa personne, n'est pas moins grand. M. Giraud a parlé, dans la séance précédente, des annotations mises par Louis XVI en marge du mémoire de Turgot sur les municipalités. Il a sous les yeux le mémoire et les notes, dans l'ouvrage de Soulavie, et il peut donner quelques échantillons des impressions produites sur l'esprit du roi par le travail de son ministre.

Turgot parlait quelque part de lois édictées dans des temps « d'ignorance et de barbarie ». Là-dessus le roi se récrie, indigné qu'on qualifie de la sorte les règnes de ses prédécesseurs, et il voit bien que le mémoire « ne tend pas moins qu'à *établir une nouvelle forme de gouvernement.* » Ailleurs, à propos des « pays d'État », le roi déclare que la hiérarchie des sujets est une institution nécessaire, non seulement dans les monarchies, mais même dans les républiques. Ailleurs encore, à propos de la « municipalité générale, » véritable assemblée nationale proposée par Turgot, Louis XVI déclare que confier à cette assemblée la répartition des impôts, ce serait le moyen de ne rien avoir ; il fait une critique amère des parlements, et ajoute que l'on n'est sûr d'obtenir des impôts qu'en les demandant à ceux qui n'en payent point ou n'en payent que fort peu. Enfin, il repousse les États-généraux comme étant la ruine de la monarchie, et qualifie Turgot de rêveur dangereux.

Un autre genre d'opposition s'éleva contre Turgot, celle des adversaires des idées anglaises, et le roi y fait allusion : c'était l'époque où s'ourdissait contre l'Angleterre le mouvement national qui aboutit à la guerre d'Amérique. On signala dans Turgot un ami de la *perfide Albion*. Le comte de Provence ne s'en gêne pas. Il y eut donc contre le grand ministre une coalition qui l'a immolée, il fallait que la Révolution donnât raison à ses idées.

M. Nourrisson. — Il est tout simple que le nom de Turgot arrête quelques instants l'attention de l'Académie. L'importance du personnage, ce qu'il y eut de critique dans l'époque où il administra les affaires de la France, appellent nécessairement l'examen, et d'autre part, il n'est pas moins naturel que la réflexion en un tel sujet fasse naître des dissentiments. Toutes les observations que, pour ma part, je me propose de soumettre à l'Académie, se ramènent d'ailleurs à deux chefs principaux : 1° les rapports de Turgot avec Louis XVI ; 2° les causes qui déterminèrent la chute de Turgot. Mon dessein ne va pas au-delà.

Et d'abord il est impossible de ne le point constater. La chute de Turgot fut un fait infiniment plus regrettable que regretté. On a parlé des salons. Turgot put avoir pour lui le salon de Mme du Deffand. Il put avoir pour lui Voltaire, et quel curieux chapitre ne serait-ce pas que celui des rapports de Turgot et de Voltaire ! Mais Voltaire qui, pour soutenir Turgot au pouvoir, avait écrit notamment sa *Diatribe à l'auteur des Éphémérides*, qui, pour venger Turgot disgracié, avait rimé son *Épître à un homme*, Voltaire d'abord atterré à la nouvelle du renvoi de Turgot, Voltaire trouva bien vite dans son âme mobile, intéressée, passionnée, de puissants motifs de se consoler, et on le vit presque au lendemain du renversement de celui qu'il n'appelait que Sully-Turgot, porter avec empressement sur d'autres autels, sur les autels des dieux ennemis, l'encens de sa prose et de ses vers. Un des partisans les plus ardents de Turgot, Condorcet, en était lui-même réduit à avouer que, dans les derniers mois du ministère de Turgot, « il ne restait au contrôleur-général que le peuple et quelques amis. » C'était précisément la situation que, dans notre dernière séance, définissait en peu de mots notre éminent confrère M. Passy, lorsqu'il disait : « Un moment vint où Turgot se trouva seul, et malheur à celui qui est seul ! *Væ soli !* »

Cependant il faut aussi le reconnaître, les causes de la chute de Turgot avaient été très complexes. Assurément la reine ne demeura point étrangère à la retraite forcée du contrôleur-général, et c'est d'une manière presque enfantine qu'elle proteste auprès de Marie-Thérèse « ne s'être point mêlée de ce départ ». Il est certain qu'à l'occasion du rappel justement déterminé par Turgot du comte de Guines, lequel, à la veille de notre immixtion irréfléchie dans la guerre de l'Amérique et de l'Angleterre, remplissait fort mal à Londres sa charge d'ambassadeur de France, il est certain que Marie-Antoinette, obsédée elle-même par son entourage, exerça, à son tour, d'après le témoignage même de Mercy d'Argenteau, « une sorte de violence sur le roi ». Évidemment encore, ce fut Louis XVI qui fit signifier à Turgot sa démission. S'ensuit-il néanmoins, notons-le en passant, qu'au fond ce soit à la reine qu'on doive attribuer la disgrâce de Turgot ? S'ensuit-il surtout qu'il y ait lieu d'affirmer que Turgot rencontra jusque chez le roi lui-même une résistance invincible et sourde aux généreux projets qu'il nourrissait ? Je ne le pense pas. Était-ce donc en effet la reine qui avait soulevé contre Turgot le clergé, la noblesse, le parlement, les riches industriels, chefs des maîtrises et des jurandes ? Est-ce donc la reine qui avait organisé cette émeute abominable, dite « la guerre des farines » et dans laquelle on crut trouver la main de princes de sang, tels que le prince de Conti, pour ne pas en nommer d'autres ? Était-ce donc enfin la reine qui avait ourdi contre Turgot les intrigues de Necker et de Maurepas, de Necker qui sournoisement cherchait à supplanter le contrôleur-général, de Maurepas à qui avaient fini par porter ombrage son autorité et son crédit ? — Il ne serait guère, à mon avis, plus exact, et c'est ici que se pose la question des rapports de Turgot avec Louis XVI, d'attribuer simplement à un acte de faiblesse du roi le renvoi de son ministre, ou de compter Louis XVI au nombre des contradicteurs puissants que rencontra Turgot.

Que Louis XVI ait subi Turgot, comme plus tard il subit Necker, et qu'en le subissant il lui ait secrètement résisté, c'est ce que dément toute l'histoire de l'administration de Turgot. De 1774 à 1776, je ne crains point de l'affirmer, il n'y a pas, au contraire, un seul jour où ce roi d'intentions patriotiques, de sentiments si élevés, d'un jugement si droit (comme au reste son aïeul Louis XV) n'ait secondé son ministre de toutes ses forces et de tout son cœur. Effectivement, voyez ! Lorsque Turgot quitte la marine pour le contrôle-général, entre Turgot et Louis XVI, quelle noble et pathétique scène ! « Sire, dit à Louis XVI Turgot, ce n'est pas au roi que je m'abandonne, c'est à l'homme honnête, à l'homme juste et bon. » Louis XVI lui prenant les deux mains : « Votre confiance, répond-il, ne sera pas trompée. » Et toute cette entrevue se passe en projets communs d'économies et de réformes. Qui pourrait, je le demande, ne pas se sentir pénétré jusqu'au fond de l'âme par le spectacle de ces deux jeunes hommes émus, de ce jeune ministre et de ce jeune roi, qui conspirent, en quelque sorte, le salut de l'État ?

Ce ne seront pas là d'ailleurs, chez Louis XVI, des paroles sans conséquences et comme les transports passagers d'un premier mouvement de ferveur. À peine Turgot est-il installé au Contrôle que les mécontents se liguent pour le décrier dans l'esprit du roi. « Vous m'avez donné un contrôleur-général qui ne va pas à la messe », dit Louis XVI à Maurepas. « Sire, répond Maurepas, l'abbé Terray y allait ». Et cette répartie spirituelle calme aussitôt les scrupules que s'était appliquée à faire naître la malveillance des courtisans. Vainement encore objecte-t-on à Louis XVI que Turgot est encyclopédiste. « Qu'importe ? répond le roi, s'il est honnête homme. » Ainsi Louis XVI reste impénétrable aux médisances et aux calomnies qui, dès le début, sont dirigées contre Turgot.

Ce serait peu. Mais cette espèce de protection passive ne fut certes pas le seul secours ou l'unique concours que Turgot reçut de Louis XVI. Car on ne citerait, je crois, qu'un très petit nombre de mesures proposées par Turgot, auxquelles Louis XVI n'ait pas donné immédiatement les mains avec une magnanime allégresse. On a quelquefois rappelé, non sans une méprisante ironie, que ce monarque débonnaire voulut lui-même rédiger les considérants de l'arrêt du Conseil du 24 janvier 1776, qui ordonnait la destruction des lapins dans toute l'étendue des capitaineries royales, et qu'en présentant cette pièce à son ministre, il ne put s'empêcher de lui dire : « Vous croyez que je ne travaille pas aussi de mon côté ? » J'avoue, quant à moi, être touché de cette simplicité charmante. Aussi bien, est-il nécessaire de le rappeler ? Des édits tout autrement importants que l'édit concernant la destruction des lapins, les édits les plus graves que fit rendre Turgot, obtinrent non seulement l'approbation préalable du roi, mais encore son complet et puissant appui. « Ne craignez rien, disait Louis XVI à Turgot, je vous soutiendrai toujours. » Et ne fût-ce point précisément au milieu d'une des crises les plus violentes qu'eût suscitées contre Turgot sa hardiesse d'innovation, qu'en le couvrant de son autorité, Louis XVI lui écrivit ces paroles mémorables, que Turgot, à tort peut-être, s'empressa de montrer, mais dont devra tenir compte à Louis XVI la dernière postérité : « Il n'y a que vous et moi qui aimions le peuple. » Oui, l'histoire entière de l'administration de Turgot n'est que l'histoire même de sa communauté d'efforts avec le roi. S'il fallait à tant de faits qui parlent d'eux-mêmes ajouter un témoignage, j'invoquerais celui de l'homme qui a le plus aimé Turgot, qui l'a le plus intimement servi, qui a voué un véritable culte à sa mémoire. « Le bon Louis XVI, dit Dupont de Nemours, a longtemps défendu M. Turgot. Il l'a toujours aimé. Il le regrette très vivement. »

Toutefois, un document a été produit par notre éminent et savant confrère M. Giraud, qui semble établir que Louis XVI et Turgot furent loin de s'accorder pour les mêmes desseins. Il s'agit des annotations ajoutées par Louis XVI au Mémoire qu'en 1775 Turgot lui avait soumis sur les municipalités, mémoire que Turgot n'avait pas, il est vrai, rédigé lui-même, mais qu'il avait approuvé et en quelque façon dicté, et qui n'avait pour objet rien moins qu'une complète réorganisation de l'État. Ces annotations ont été, pour la première fois, ce semble, produites par Soulavie au tome III de ses *Mémoires historiques et critiques du règne de Louis XVI* (Paris, 1801, 6 vol. in-8°). Peut-être serait-il permis, en raison même du peu de confiance que mérite ordinairement Soulavie, de se demander si ces annotations ne doivent pas être considérées comme apocryphes. M. Giraud estime qu'elles sont authentiques. J'en suis persuadé avec lui, et sa science consommée, sa grande compétence suffiraient à dissiper mes doutes, si je pouvais en avoir. Ce qu'il importe de remarquer, c'est la date de ces annotations. Or elles sont, suivant Soulavie, du 15 février 1788. Sans doute, une telle date ne laisse pas que d'être surprenante, et Soulavie lui-même a éprouvé le besoin de l'expliquer.

« La date des observations de Louis XVI et celle de la démission de M. Turgot sont bien éloignées, écrit-il. Je place néanmoins les réponses du roi à l'époque de la composition de ce mémoire (sur les municipalités) pour conserver à l'histoire les formes chronologiques, et à l'étude de la marche révolutionnaire des esprits, les matériaux qui doivent conduire les observateurs de nos événements dans la route que la nature a suivie. »

Quoi qu'il en soit de cette explication assez étrange et passablement embarrassée, les observations de Soulavie ne sauraient être scindées, et si on admet l'authenticité des observations de Louis XVI, on doit également en admettre la date. C'est du reste ce que M. Giraud lui-même ne conteste pas. Cependant, si l'on tient pour certain que ces observations ne remontent pas au-delà du 15 février 1788, il s'ensuit qu'elles sont postérieures de sept ans à la mort de Turgot, de douze ans à son renvoi du ministère. Par conséquent, qu'on y songe ! De 1775 à 1788, que s'était-il passé, ou plutôt que ne s'était-il pas passé, et quelles tristes, quelles douloureuses expériences n'avait point faite le malheureux Louis XVI ! Qu'on y songe ! Après Turgot il avait eu au contrôle-général Clugny, il avait eu Taboureau, il avait eu Necker, et après Necker, Joly de Fleury, d'Ormesson, Calonne, Fourqueux, Loménie de Brienne, et il se trouvait à la veille des États-généraux, qu'avait bien osé convoquer l'incapable et avide archevêque de Toulouse, mais dont l'imprudent prélat ne devait se sentir ni le pouvoir ni le courage de soutenir le choc formidable. On a souvent répété le mot très juste : « Faites-moi de bonne politique, je vous ferai de bonnes finances ». À mon sens, il ne serait pas moins judicieux de dire : « Faites-moi de bonnes finances, je vous ferai de bonne politique. » Eh bien ! tous les contrôleurs généraux (à certains égards, je n'excepte pas même Necker), avaient fait à Louis XVI, avec de détestables finances, une politique détestable. Le moyen de s'étonner, après cela, que le trouble et la défiance fussent entrés dans l'âme du roi ? Exprimerai-je toute ma pensée ? Loin de voir dans les annotations du roi au *Mémoire sur les municipalités* une preuve de son opposition aux intentions de Turgot, j'y verrais plutôt comme un hommage rendu au souvenir du ministre qui lui demeura toujours si cher. Effectivement, qu'on se représente, au commencement de 1788, la situation de Louis XVI. Déçu dans ses espérances, trompé dans ses généreux desseins, isolé au milieu d'une cour toute livrée à la frivolité et à l'intrigue, sans support ni rempart contre les prétentions qui de tous côtés tumultueusement l'assaillent, je me le figure, pour ma part, consterné et s'interrogeant silencieusement lui-même sur l'avenir d'un pays dont une longue suite d'aïeux lui a légué le gouvernement. C'est alors qu'il se rappelle le Mémoire que lui a autrefois présenté Turgot et qu'il l'étudie, y cherchant, mais en vain, le secret et le remède des maux qui s'accumulent contre la monarchie et qu'il devient plus urgent que jamais de conjurer.

Aussi bien, quel est donc le sens de ces annotations de Louis XVI, qu'il faudrait citer dans leur contexte ? « L'idée de former des États-généraux perpétuels, écrivait le roi, est subversive de la monarchie, qui n'est absolue que parce que l'autorité n'est point partagée. Dès le moment de leur ouverture, il n'existe plus entre le roi et la nation d'intermédiaire qu'une armée, et il est fâcheux et douloureux de lui confier la défense de l'autorité de l'État contre l'assemblée des Français... Les idées de M. Turgot sont extrêmement dangereuses et doivent roidir contre leur nouveauté. » C'est là un des passages qu'on a le plus vivement reprochés à Louis XVI. Mais ce langage était-il en 1788 et à l'approche des États-généraux, sous tous rapports, si mal fondé, et quand on considère ce qui suivit, ne semble-t-il pas, au contraire, comme prophétique ? Était-il, de même, si déraisonnable de qualifier certaines idées de Turgot de « dangereuses », ou encore « de bizarres et de romanesques » ? Écoutez ce qui suit. « Il faut aux amateurs de nouveautés, ajoutait Louis XVI, une France plus qu'anglaise... Le passage du régime établi au régime que M. Turgot propose actuellement mérite attention ; car on voit bien ce qui est, mais on ne voit qu'en idée ce qui n'est pas, et on ne doit pas faire des entreprises dangereuses, si on n'en voit pas le bout... C'est une utopie qui part d'un homme qui a de bonnes vues, mais qui bouleverserait l'état actuel ». De telles paroles apparemment, eu égard surtout aux circonstances, n'étaient dénuées ni de sens ni de patriotisme. Et pourtant tel est le cœur excellent du roi qu'il ne peut s'empêcher, tout en jugeant les conceptions de Turgot inapplicables, de laisser échapper comme un soupir de regret. « Le système de M. Turgot, s'écrie-t-il, est un beau rêve ! »

Soit, objectera-t-on peut-être, mais il n'en reste pas moins que Louis XVI, le 12 mai 1776, fit brusquement signifier à Turgot sa démission. Il suffirait peut-être de répondre qu'on ne voit pas bien comment Louis XVI aurait pu conserver un ministre qui avait tout le monde contre lui. Supposez, à la place de Louis XVI, un roi constitutionnel ; le renvoi de Turgot eût été évidemment un acte très correct et même une nécessité. Car c'est la condition de tout chef de gouvernement constitutionnel d'être obligé, à de certains moments, de se séparer de ceux qu'il préfère et affectionne, pour appeler à lui ceux qu'il n'aime point ou même que justement il méprise. Sa qualité de roi absolu donnait-elle donc à Louis XVI la faculté, et était-il d'une sage politique, d'une politique pratique, de conserver un ministre dont à l'envi et à grands cris le Clergé, la Noblesse, le Parlement, la Cour, les financiers, les plus considérables industriels eux-mêmes réclamaient le remplacement ? Je ne saurais le croire. Mais il convient en outre d'examiner si Turgot, malgré les intentions les plus pures, les plus désintéressées et le dévouement le plus absolu à la personne du roi, n'avait rien fait qui fût de nature à lui aliéner peu à peu Louis XVI. Et ici je n'ai guère qu'à reproduire les remarques qu'a consignées, à ce sujet, dans sa belle étude sur Turgot, notre savant confrère M. de Lavergne. Je ne parlerai, si l'on veut, ni de l'activité fébrile de Turgot et de l'ardeur de « cette tête perpétuellement en fermentation », qui à la longue devait inévitablement fatiguer Louis XVI, ni du ton de pédagogue que, dès le début de son administration, le contrôleur-général se permit de prendre vis-à-vis du successeur de tant de rois. Les premiers nuages s'élevèrent, semble-t-il, entre Turgot et Louis XVI, à propos du sacre de Reims. En septembre 1774, Condorcet, qui se mêlait de conseiller Turgot, sinon de le diriger, lui écrivait : « Ne voyez-vous pas que, de toutes les dépenses inutiles, la plus inutile comme la plus ridicule serait celle du sacre ? Trajan n'a pas été sacré ». Louis XVI n'en avait pas moins été sacré à Reims, le 11 juin 1775. Cette cérémonie, toutefois, ne s'était pas accomplie sans des contradictions multipliées de la part de Turgot. Non pas, selon toute apparence, qu'il eût été fort touché de cette raison saugrenue mise en avant par Condorcet « que Trajan n'avait pas été sacré. » Mais il s'était montré très préoccupé de la dépense et avait proposé instamment, par motif d'économie, que le sacre eût lieu à Paris, non à Reims. Ce n'était pas tout. Une formule ancienne de serment portait que le roi devait jurer, lors de son sacre, d'exterminer les hérétiques et de ne pas gracier les duellistes. Turgot aurait voulu et tenta, mais sans succès, les derniers efforts pour obtenir que ces deux articles, qui lui paraissaient condamner tout ensemble la justice et l'humanité, fussent passés sous silence ou supprimés. Louis XVI, il est vrai, arrivé à ce passage du serment, s'était contenté de balbutier quelques paroles inintelligibles, comme dominé à la fois par sa bonté naturelle et les objections de son ministre. Néanmoins Turgot demeura mal satisfait. C'est pourquoi, aussitôt après le sacre, il considéra qu'il lui appartenait d'adresser au roi un Mémoire sur la tolérance. C'était toute une dissertation. Turgot s'exprimait, en outre, dans cette pièce, touchant Louis XVI et les prêtres de cour, avec justesse, il en faut convenir, mais avec une sévérité impitoyable. Plusieurs passages de ce Mémoire blessèrent assez vivement les sentiments religieux du roi. Un dernier écrit rendit la blessure encore plus profonde.

Lorsque le 30 avril 1776 Malesherbes se résolut à quitter une première fois le ministère, cette retraite un peu forcée de son plus dévoué collaborateur excita chez Turgot une colère qu'il fut impuissant à maîtriser. Sous le coup du ressentiment qu'il éprouvait, il écrivit sur-le-champ au roi une longue lettre où les remontrances ne sont pas seulement emportées et amères, mais dégagées de respect et presque injurieuses. Cette espèce de factum est compris en entier dans les Mémoires de l'abbé Véri, qu'a récemment publiés M. de Larcy. Soulavie (ce qui prouve qu'il est parfois assez bien informé), Soulavie en avait donné le premier quelques extraits. « N'oubliez pas, Sire, disait à Louis XVI Turgot, que c'est la faiblesse qui a mis la tête de Charles Ier sur le billot ; c'est la faiblesse qui a rendu Charles IX cruel, c'est elle qui a formé la Ligue sous Henri III, qui a fait de Louis XIII, qui fait aujourd'hui du roi de Portugal des esclaves couronnés ; c'est elle qui a fait tous les malheurs du dernier règne. » D'autre part, Soulavie affirme « que Louis XVI remit cette lettre sous enveloppe, cachetée du petit sceau royal, grand comme un centime, avec cette suscription de sa main : *Lettre de M. Turgot.* »

En résumé donc, dans ses rapports avec Louis XVI, Turgot, n'avait point rencontré résistance, mais bienveillance, et jusqu'au dernier moment parfait accord, tandis que, de son côté, il était loin, même à son insu, d'avoir été irréprochable. Il avait régenté, rudoyé le roi, et sans être un Richelieu, il s'était montré fort enclin à faire de son maître ce qu'il appelait lui-même « un esclave couronné. »

Voici, et je tâcherai d'être bref, pour la seconde.

Notre savant confrère M. Fustel de Coulanges a paru regretter que Turgot n'eût pas davantage ressemblé à Richelieu. L'illustre cardinal aurait, suivant lui, sauvé la situation, et si Turgot ne s'était pas autant éloigné d'un pareil modèle, il eut conservé le pouvoir et accompli ses réformes au grand avantage du pays. Manifestement, la réputation de Richelieu politique est au-dessus de toute contestation. De notre temps surtout on lui a voué une admiration sans bornes, et il est devenu, parmi nous, comme un des types accomplis de l'homme d'État. Je pourrais toutefois observer qu'à y regarder de près, on trouverait sans doute plus d'un point à reprendre dans la conduite de ce ministre si vanté, et sa politique extérieure ne paraîtrait probablement pas toujours une politique à longue échéance, non plus que sa politique intérieure une politique exempte de toute souillure. Mais à Dieu ne plaise que j'introduise dans l'examen d'une question déjà fort importante l'examen de l'administration de Turgot, l'examen d'une question peut-être plus considérable encore, celui de l'administration de Richelieu. Ce que je désire simplement constater, c'est que le XVIIIe siècle n'éprouvait pas à beaucoup près pour Richelieu l'engouement qu'en général il nous inspire aujourd'hui Demandez-vous, par exemple, ce que pensait de lui Montesquieu. « Quand cet homme n'aurait pas eu le despotisme dans le cœur, écrit l'auteur de *l'Esprit des Lois*, en parlant de Richelieu, il l'aurait eu dans la tête. » Et ailleurs : « les plus méchants citoyens de France furent Richelieu et Louvois. » Écoutez Necker à la veille de ressaisir le ministère qu'il guette impatiemment avec ses amis. « Si le roi veut un Richelieu, s'écrie-t-il, qu'il ne songe pas à moi ». Je le crois bien ! Mais ce qu'il convient de remarquer, c'est que ce n'est nullement par l'effet d'une modestie qui n'eût été que très naturelle, que Necker s'exprime de la sorte. Car au fond Necker ne s'estime pas trop inférieur à Richelieu. Ce qu'il repousse, ce sont les traditions de la politique du cardinal. L'aversion de Turgot pour Richelieu est encore, s'il est possible, plus marquée. Nous avons déjà entendu Turgot reprocher à Richelieu d'avoir fait de Louis XIII « un esclave couronné », et sans ajouter comme Mme de Motteville, « et de cet illustre esclave un des plus grands monarques du monde ». Dans un autre de ses écrits, sa sévérité va jusqu'à la détestation. « À propos des vices relatifs à la débauche, écrit-il à Condorcet, Helvétius s'étend avec complaisance sur les débauches des grands hommes, comme si ces grands hommes devaient l'être pour un philosophe. Qui a jamais douté que leur espèce de grandeur ne fût compatible avec tous les vices imaginables ? Sans doute un débauché, un escroc, un meurtrier, peut être un Schah-Nadir, un Cromwell, un cardinal de Richelieu ; mais est-ce là la destination de l'homme ? Est-il désirable qu'il y ait de pareils hommes ? »

À tort ou à raison, tel était le sentiment que professaient pour la plupart, au dix-huitième siècle, sur Richelieu, les publicistes et les ministres les plus en renom. Turgot, en particulier, n'avait garde de chercher à reprendre la politique de Richelieu, et si on s'était avisé de la lui proposer comme un idéal, il s'en serait détourné avec une sorte d'horreur. Aussi bien une pareille politique n'était-elle guère applicable en France vers 1774 ou 1776, et ce n'est point à coup sûr pour ne l'avoir pas suivie, mais pour d'autres motifs d'ailleurs très nombreux et très complexes, que Turgot dut quitter le contrôle. Parmi ces raisons, il en est deux que je demande à l'Académie la permission d'indiquer rapidement. Elles sont tout intrinsèques et tiennent essentiellement au caractère même de Turgot.

« J'aurais pu mériter l'imputation de maladresse, écrivait en 1778 Turgot au docteur anglais Price, si vous n'aviez eu en vue d'autre maladresse que celle de n'avoir su démêler les ressorts d'intrigues que faisaient jouer contre moi des gens beaucoup plus adroits en ce genre que je ne le suis, que je le serai jamais, et que je veux l'être. » Loin de moi la pensée de reproduire contre Turgot ce reproche de maladresse qu'il repoussait non sans vivacité ! Conséquemment je ne dirai point que Turgot succomba, parce qu'il manqua d'esprit d'intrigue ; mais je remarquerai qu'épris de la raison, comme d'autres le sont de la fortune ou du succès, il crut trop à son empire absolu sur l'espèce humaine et ne compta pas assez avec les intérêts et les passions. Être épris, trop épris de la raison, c'est un beau défaut, c'est un défaut rare, j'en tombe d'accord ; mais enfin ce n'en fut pas moins chez Turgot un défaut. Cette confiance dans la raison le conduisit à se confier exclusivement à la logique, et il en vint à s'efforcer de résoudre les problèmes sociaux par les mêmes procédés qui servent à résoudre des problèmes de géométrie ou de théologie. Cette confiance dans la raison devait même aller jusqu'à dégénérer chez lui en rêverie, et c'est là une des causes qui expliquent pourquoi il échoua.

Il y a une autre cause qui ne contribua pas moins à paralyser l'action de Turgot et qui se rattache également au fond même de sa nature. Résolu, suivant son expression, « à détruire le mal, non à le perfectionner », Turgot mit dans l'accomplissement des réformes qu'il méditait trop d'empressement et trop de hâte. « Vous êtes aussi trop pressé, lui disait Malesherbes ; pourquoi vouloir faire tant de choses à la fois ? Vous vous imaginez avoir l'amour du bien public ; point du tout, vous en avez la rage, car il faut vraiment être enragé pour vouloir forcer la main à tout le monde. » On sait la réponse de Turgot : « Comment pouvez-vous me faire ce reproche ? répondait-il à Malesherbes. Vous connaissez les besoins du peuple, et vous savez que dans ma famille on meurt de la goutte à cinquante ans. » Quelque nobles qu'elles puissent être, ces paroles, quand on les pèse, n'en demeurent pas moins, à beaucoup d'égards, assez déraisonnables. Ce qui importait effectivement, c'est que les réformes fussent accomplies et non par qui elles s'accompliraient, et il n'y avait point chez Turgot, dans sa candeur même, un médiocre orgueil à se considérer comme un homme nécessaire, presque providentiel, seul capable ou seul désireux de subvenir aux besoins du peuple. Cependant, parcourez le *Mémoire sur les municipalités*. Là aussi c'est le même emportement dans le bien et la même présomption. « Si Votre Majesté agrée ce plan, Sire, écrivait Turgot, j'ose lui répondre qu'au bout de quelques années elle aurait un peuple neuf et le premier des peuples. » Non, il n'en va pas ainsi. Non, une nation ne se pétrit pas de main d'homme, cet homme fût-il doué d'un génie infiniment supérieur à celui de Turgot. Il y faut encore et surtout la main du temps. Parlons mieux : une nation n'est pas une molle argile qu'il soit possible ni licite de façonner à son gré. C'est un être vivant, qui a sa constitution naturelle, son passé, ses origines, ses traditions, son génie, et que l'habileté suprême du politique consiste, avant tout, à éclairer, à diriger, à mettre peu à peu en pleine possession de lui-même, à élever, et non point à prétendre transformer instantanément, en lui imposant un régime artificiel et des idées préconçues. Marie-Thérèse jugeait bien Turgot, lorsque le 30 mai 1776 elle écrivait à sa fille, qu'à son avis, « Turgot n'avait manqué que d'avoir trop entrepris à la fois. » — Encore un mot et j'ai fini.

Notre savant confrère, M. Baudrillart, estime que si les réformes de de Turgot n'avaient pas été repoussées, les désastres de la Révolution auraient pu être épargnés à la France. C'est aussi l'opinion de l'excellent M. Droz dans l'instructif écrit qu'il a intitulé : *Histoire du règne de Louis XVI pendant les années où l'on pouvait prévenir ou diriger la Révolution française*. Quant à moi, sans m'occuper de décider une question plus curieuse, en somme, qu'utile, je me bornerai à me déclarer enclin à croire qu'au demeurant Turgot a moins fait pour prévenir la Révolution que pour la précipiter. Je ne rechercherai pas davantage dans quelle mesure il y a lieu d'attribuer ou de refuser à Turgot la qualification d'homme d'État. Ce m'est assez d'admirer, malgré tout, sincèrement Turgot, et s'il me fallait à ce sujet conclure, je n'hésiterais point à lui appliquer les éloquentes paroles que Bossuet prononçait sur un des personnages de son temps. « Il est certain, dirais-je en manière de conclusion, il est certain que la France n'a pas eu d'âme plus française que la sienne, et que l'État n'a pas eu d'esprit plus attaché à son prince que le sien. »

M. Fustel de Coulanges : — Lorsque j'écoutais la savante discussion de M. Baudrillart, j'étais beaucoup plus frappé du grand nombre de points sur lesquels nous sommes d'accord, que de quelques divergences d'opinions qu'il peut y avoir entre nous. S'il s'était agi seulement de juger et d'admirer Turgot, nous aurions été fort près l'un de l'autre. Mais, le jour où j'avais offert à l'Académie le livre fort digne d'attention de M. Foncin, je ne m'étais pas préoccupé de présenter mon appréciation personnelle sur le ministre ; j'avais plutôt visé à signaler quelques faits historiques qui marquaient, à mon avis, le caractère de ses réformes et qui expliquaient en partie son insuccès. Pour ce qui est de Turgot lui-même, je me contentais de rappeler en peu de mots ses rares mérites, ses vertus éminentes ; en signalant ce qu'il y a d'excessif dans l'opinion qui fait de Turgot l'idéal de l'homme d'État, je reconnaissais qu'il avait eu presque toutes les qualités d'un grand ministre. Pour ses réformes, je disais qu'elles avaient été à la fois justes et utiles. Surtout, je me tenais fort éloigné de ceux qui appellent Turgot un esprit chimérique, un ministre malhabile, un réformateur violent. Loin d'être un esprit chimérique, Turgot était autant homme d'action qu'homme d'étude ; il avait le goût du détail, le sens de la réalité ; il était foncièrement un administrateur. Ses réformes sont aujourd'hui appliquées ; nul ne peut donc prétendre qu'elles fussent des chimères. Il n'était pas davantage un ministre malhabile ; s'il ne maniait pas les hommes avec cette dextérité et cette légèreté de main que réclame ordinairement la société française, on ne peut pourtant pas l'accuser d'avoir été maladroit ou violent. La véritable habileté ne consistait pas, ainsi que le crurent Machault, Necker et Calonne, à dissimuler, à louvoyer, à abuser le roi ou le public pour faire passer les réformes ; ces réformes étaient de telle nature qu'on ne pouvait les accomplir qu'à ciel ouvert. — Il m'a paru que la principale erreur de Turgot, sinon la seule, était de n'avoir pas mesuré les difficultés. M. Baudrillart a montré lui-même combien elles étaient grandes. Ce qui me frappe, c'est le contraste entre l'immense difficulté de l'entreprise et la confiance exagérée de Turgot et de son entourage. Cela se voit dans ses écrits, dans ses lettres aux intendants, dans ses mémoires au roi, même dans les préambules de ses édits. Il se plaît trop à montrer les réformes comme faciles à accomplir ; il glisse trop sur les obstacles ; à peine annonce-t-il une faible partie des résistances qu'elles doivent rencontrer. Je doute qu'il ait calculé avec exactitude la puissance des intérêts qu'il blessait, l'aveuglement de ceux-là mêmes qu'il servait, la faiblesse enfin de la royauté sur laquelle il s'appuyait. Quand on lui objecta qu'il se hâtait trop, il répondit qu'il avait peu de temps à vivre, comme s'il prétendait que tout fût terminé avant qu'il atteignît la date fatale de cinquante ans. Il avait cette illusion des honnêtes gens et des nobles cœurs pour qui le bien est toujours facile. Erreur fort pardonnable, surtout avant les expériences qui ont pu éclairer les générations suivantes, mais erreur malheureuse qui a dû contribuer pour quelque chose à l'insuccès de Turgot. En la signalant, je ne songeais ni à accuser cet homme admirable ni a absoudre ses ennemis ; je faisais seulement remarquer que, parmi toutes les causes de la chute de Turgot, il s'est trouvé une erreur de Turgot lui-même.

D'ailleurs, ce qui fait l'objet du débat auquel l'Académie veut bien prêter son attention, c'est beaucoup moins l'appréciation personnelle que chacun peut porter sur Turgot, que l'observation des faits historiques qui ont accompagné sa tentative et ont brusquement arrêté ses réformes. Le point spécial que je voudrais éclairer est celui-ci : Comment est-il arrivé que des réformes qui étaient si sages, si justes, si praticables, n'aient pas pu être accomplies dès l'année 1776 ? À quoi faut-il attribuer que Turgot n'ait pas pu les réaliser ? Quelles sont les causes de son échec ? A-t-il été renversé seulement par des cabales de cour, par l'hostilité de la noblesse, par le lâche abandon du roi ? Ou bien, s'est-il produit des faits d'une nature plus générale et plus profonde qui ont rendu sa chute à peu près inévitable ? Son insuccès doit-il être imputé seulement à la cour et aux privilégiés, ou faut-il en accuser la France presque tout entière ?

Cette question ne peut être résolue qu'à la condition de faire d'abord l'analyse des divers éléments dont la réunion formait la société française. L'Ancien régime ne se composait pas seulement de la cour et de la noblesse. Il comprenait encore :

1° Un clergé, qui était un corps nombreux, bien réglé, puissant à titre de grand propriétaire foncier, qui possédait une juridiction considérable, qui enfin, malgré les progrès de la philosophie, gouvernait encore la conscience de la plupart des hommes[1].

2° Une magistrature, mais une magistrature bien autrement forte que celle d'aujourd'hui, indépendante du pouvoir, dont les membres étaient propriétaires de leurs fonctions, qui possédait enfin, outre le droit de juger, une partie de l'autorité administrative et législative ; corps considérable par le nombre et par l'union, qui comprenait les parlements, les présidiaux, les bailliages et auquel se liaient étroitement les avocats, procureurs, notaires, greffiers et jusqu'aux juges seigneuriaux.

3° La finance ; quelque puissante que soit la finance dans les États modernes, elle est encore fort au-dessous de ce qu'elle était dans l'Ancien régime. Les financiers formaient véritablement une corporation, et c'était elle qui percevait pour le roi la plupart des impôts. L'État n'avait encore aucun moyen de lever les contributions sans elle. Revenus de l'État, crédit, richesse mobilière du pays, tout dépendait d'elle. C'était un corps immense dont les soixante fermiers généraux étaient la tête, qui comprenait une armée de 80 000 commis et agents répandus dans les provinces, et auquel se rattachait un grand nombre de rentiers qui avaient associé leurs intérêts aux siens.

4° Une haute bourgeoisie qui avait la possession presque héréditaire des charges municipales et qui était une classe gouvernante, une sorte de noblesse dans les villes : classe riche, respectée, et qui ne laissait pas d'être puissante dans une société qui avait encore le goût de la hiérarchie. À elle se joignaient les innombrables détenteurs d'offices royaux, offices fort inutiles au pays, mais que les familles avaient achetés et dont elles se croyaient propriétaires légitimes aussi longtemps qu'on ne leur aurait pas remboursé le prix d'achat. On sait que la vente de ces offices n'avait été autrefois qu'une forme d'emprunt ; ils constituaient donc une sorte de dette publique dont il fallait payer les intérêts.

5° L'ordre nombreux des commerçants et des industriels organisés en corporations, c'est-à-dire liés entre eux, non seulement par leurs intérêts, mais même par des règlements et par des lois. Le système des jurandes et des maîtrises assimilait chaque commerçant et chaque industriel à un propriétaire ; et cette classe étroitement unie pouvait comprendre un demi-million de familles.

---

[1] Voy. Aubertin, *l'Esprit public au XVIIIe siècle*.

6° Les propriétaires ruraux, autres que la noblesse et le clergé. Beaucoup de paysans possédaient en franc-alleu, c'est-à-dire avec un droit complet de propriété ; d'autres possédaient à simple cens, c'est-à-dire que, moyennant un fermage presque insignifiant, ils possédaient héréditairement la terre avec faculté d'aliéner, plus heureux que ceux qui ne la possédaient qu'en bordelage, à taille réelle, ou en main morte. Or, ces différentes conditions se distinguaient surtout par la valeur vénale de chaque fonds de terre, et il arrivait ainsi que, plus les droits féodaux pesaient sur l'un, plus la terre du voisin qui en était exempt avait de valeur. Il y avait donc parmi les paysans eux-mêmes des hommes qui avaient quelque intérêt au maintien des privilèges, et il se rencontrait ainsi dans chaque village une petite aristocratie[1].

C'est tout cela qui formait l'Ancien régime ; c'est à tout ce vaste ensemble que les réformes se heurtaient. Nous ne possédons malheureusement aucune statistique sérieuse de cette époque ; nous ne pouvons donner aucun chiffre. Ce n'est que par approximation que nous pouvons évaluer le nombre des familles de la noblesse et celui des membres du clergé ; encore moins peut-on compter à quels chiffres s'élevaient les familles appartenant à la magistrature, au barreau, au commerce, aux corporations industrielles, et celles qui possédaient la terre, et toutes celles enfin qui, placées par la naissance dans les classes inférieures, étaient attachées aux classes élevées par les liens de l'intérêt ou ceux de la domesticité ou simplement par l'habitude. Tel qui, quinze ans plus tard, a pu devenir un révolutionnaire, était encore en 1776 un partisan de l'Ancien régime et a mis peut-être autant d'ardeur à le défendre qu'il devait en mettre plus tard à le combattre. L'Ancien régime n'était donc pas facile à renverser ; sans doute il allait s'affaiblissant d'année en année, mais, en 1776, il était encore debout et présentait encore une grande surface.

Voyons maintenant les réformes de Turgot. À les regarder en elles-mêmes, nul doute que chacune d'elles ne fût juste, utile, parfaitement réalisable. Mais il ne s'agit pas pour nous de juger ; nous cherchons pourquoi ces réformes n'ont pas immédiatement réussi. Nous avons donc à examiner, non leur valeur, mais les effets qu'elles ont produits sur les différentes classes de la société française et comment elles ont été accueillies de chacune d'elles.

Commençons par la noblesse ; Turgot y comptait quelques amis, mais cette classe, prise dans son ensemble, était contraire à un ministre qui voulait supprimer ses privilèges. Par un faux point d'honneur, elle s'irritait d'avoir à payer l'impôt qui remplaçait la corvée. Quoiqu'elle fût presque unanime à demander le rachat des droits féodaux, elle faisait condamner le livre de Boncerf, qui réclamait ce même rachat.

Le clergé avait les mêmes motifs pour être hostile à Turgot ; il en avait encore un autre ; il craignait que Turgot ne ramenât la tolérance à l'égard des protestants. On lit dans la continuation des mémoires de Bachaumont, à la date du 18 mai 1775 : « Le clergé est fort scandalisé ; les évêques prétendent que M. Turgot est un athée et qu'il tend à faire le roi chef de l'Église gallicane. » Or, le clergé était encore à la tête d'un nombreux parti dans toute la France.

La magistrature était mécontente aussi. Son hostilité, a-t-on dit, venait de ce que ses privilèges pécuniaires étaient menacés. Je ne nie pas que l'intérêt individuel n'ait eu quelque part dans les délibérations de ce corps ; mais cela a été fort exagéré. L'intérêt

---

[1] Encore ne parlons-nous pas de ceux qui tenaient à ferme les terres seigneuriales et qui étaient aussi, à certains égards, des privilégiés.

des magistrats n'était pas engagé au maintien des maîtrises, ni à celui des corvées, ni à la conservation des offices sur les marchés de Paris. Je ne puis m'empêcher de remarquer que plusieurs des remontrances des parlements étaient contraires à l'intérêt matériel de ceux qui les faisaient, et je crois par conséquent qu'il faut chercher une autre cause à la résistance unanime de la magistrature. Depuis deux siècles, elle avait affecté de prendre pour elle le rôle de défenseur du peuple contre le gouvernement. Fière ou humble suivant les époques, elle se regardait comme une sorte d'opposition en permanence. Détruite par Louis XV, elle croyait n'avoir été rappelée en 1774 que « par la voix de la nation » et pour lutter contre les ministres. Elle continuait cette tradition de résistance, à l'aveugle, sans s'apercevoir qu'elle travaillait contre le bien public. Elle pensait avoir la mission de combattre le gouvernement, quoi qu'il fît ; elle visait surtout à affermir vis-à-vis des ministres ses droits à elle qu'elle confondait avec les droits de la nation. Il résultait de cet état d'esprit où était la magistrature, une hostilité systématique et obstinée contre Turgot. On ne voyait pas en lui un ami du peuple ; on ne voyait qu'un représentant du système monarchique, et l'on croyait représenter le peuple en agissant contre lui. Ce n'était pas que la magistrature fût contraire à toutes réformes ; elle en souhaitait au contraire de très grandes ; mais elle voulait des réformes politiques, par lesquelles elle espérait agrandir son pouvoir, et repoussait les réformes économiques et sociales de Turgot. C'était le commencement de cette lutte entre deux opinions qui depuis cent ans partagent tous les esprits, l'une qui veut que le progrès commence par la liberté, l'autre qui soutient qu'il doit commencer par l'égalité ; l'une qui place au début les réformes politiques, l'autre qui met en avant les réformes économiques et sociales.

La noblesse, le clergé, la magistrature étaient alors les trois plus grandes forces qu'il y eût en France, et elles étaient contre Turgot. Les autres classes ne lui étaient pas beaucoup plus favorables. La finance savait qu'elle avait beaucoup à redouter d'un ministre qui voulait mettre l'ordre dans les dépenses, qui travaillait à améliorer les baux de l'État, qui pensait même à substituer le système de la régie au système de la ferme pour la perception des impôts. Les corps municipaux des villes, dont les charges étaient à peu près héréditaires, s'inquiétaient des projets du ministre. Les officiers royaux savaient bien qu'ils ne seraient que très imparfaitement indemnisés de la perte de leurs offices.

Le jour où les corporations furent supprimées, les ouvriers-compagnons firent des feux de joie, surtout à Paris. « Les guinguettes regorgèrent d'ouvriers qui avaient quitté leurs maîtres, avaient pris des carrosses de remise et offraient le spectacle d'un vrai délire[1]. » Mais les maîtres étaient sans doute moins satisfaits, et l'on ne pouvait pas exiger d'eux qu'ils se vissent enlever sans se plaindre les maîtrises que chacun d'eux avait achetées et qu'ils regardaient comme une propriété inviolable de leurs famille. Or, ils ne laissaient pas d'être fort nombreux[2] ; ils formaient la partie la plus importante de la population urbaine, et il était dangereux de les avoir contre soi.

Quant aux petits propriétaires de campagne, dont on évalue le nombre à un million et demi, ils se réjouirent sans aucun doute de la suppression de la corvée ; mais il n'est guère douteux non plus qu'ils ne se soient plaints de la subvention territoriale qui en

---

[1] Bachaumont, 21 mars 1776.
[2] M. Paul Boiteau en évalue le nombre, pour Paris seulement, à 40 000 (*État de la France en* 1789, p. 503-504.)

prenait la place. Beaucoup d'entre eux pouvaient préférer l'impôt en travail à l'impôt en argent ; surtout ils ne manquèrent pas de calculer que l'impôt en travail était réparti sur toute la population rurale, tandis que l'impôt en argent, tel que Turgot l'établissait, pesait exclusivement sur eux propriétaires. Ils furent ou se crurent « écrasés » ; plusieurs lettres de Voltaire, écrites du pays de Gex dans les premiers mois de 1776, témoignent de ce sentiment[1].

Restaient les prolétaires des villes et des campagnes. Ils étaient un bien faible appui pour Turgot, à supposer même qu'ils fussent pour lui. Pouvait-on d'ailleurs compter sur eux ? S'ils se réjouissaient de l'abolition des corvées et des maîtrises, ils prétendaient avoir à se plaindre de la liberté du commerce des grains qui, à les en croire, rendait le pain plus cher ; et, si un jour « ils remplissaient les guinguettes et offraient le spectacle d'un vrai délire », un autre jour ils faisaient une émeute contre Turgot et ses réformes. Entre toutes les classes de la société française, il ne faut pas oublier l'armée ; elle était alors fort mécontente, et dans tous les rangs, des réformes introduites par le comte de Saint-Germain. Les officiers se plaignaient de la suppression d'un grand nombre d'emplois, les soldats de la nouvelle discipline qu'on leur imposait.

Les vues générales en histoire sont facilement inexactes. Si l'on regarde d'ensemble l'œuvre essayée par Turgot et si l'on ne songe qu'aux effets définitifs qu'elle devait produire sur l'ensemble du pays, on n'hésitera pas à dire que les réformes étaient équitables et utiles et l'on croira que le pays devait être heureux de les accepter. Mais si l'on procède par analyse, c'est-à-dire si l'on observe les effets immédiats de chaque réforme sur chaque classe de la population, on s'aperçoit qu'il n'y avait presque personne qui n'eût ou ne crût avoir quelque motif pour être opposé à Turgot. Il est bien vrai que chaque réforme était profitable à la majorité des hommes ; mais comme toutes les réformes étaient essayées à la fois, il se trouvait que presque tous les hommes se croyaient lésés de quelque côté, et ils sentaient plus vivement le petit privilège qu'on leur ôtait que l'égalité féconde qui leur était promise.

On a dit que Turgot avait pour lui l'opinion publique ; mais rien n'est plus difficile, en histoire, que de discerner l'état de l'opinion, surtout s'il s'agit d'une société aussi changeante que la France, et d'une époque où l'opinion n'avait pas d'organes. Nous savons bien que Turgot avait pour lui des hommes comme Condorcet, d'Alembert, Lavoisier, Boncerf, Dupont, Trudaine ; il avait pour lui Mlle de Lespinasse, le marquis de Chatellux, le marquis de Mirabeau, le duc de la Rochefoucauld ; il avait pour lui Voltaire et Malesherbes, c'est-à-dire tout ce qu'il y avait de plus intelligent, de plus noble par l'esprit ou par le cœur ; il avait pour lui l'honneur de la société française ; mais tout cela n'était pas l'opinion publique.

L'opinion publique que l'histoire doit observer et constater, n'est pas l'opinion du petit nombre d'hommes qui pensent, c'est l'opinion de la foule qui vit. Cette opinion publique n'est pas une idée pure qui sorte de l'intelligence des plus éclairés ou de la conscience des meilleurs ; elle sort des intérêts les plus égoïstes et des sentiments les plus étroits. Au XVIIe siècle, l'opinion de quelques écrivains et de quelques penseurs était quelque chose de très noble et de très élevé ; mais l'opinion publique était quelque chose de très grossier et de très matériel ; et je ne pense pas qu'elle fût pour Turgot.

Je prends un exemple, et je le choisis dans la correspondance de Voltaire. Il est assez

---

[1] Voir notamment les lettres du 13 janvier 1776 à Turgot ; du même jour à Trudaine ; du 9 février, à Fargès ; du 14 février, à Dupont ; du 20 mars, à Dupont.

connu que Voltaire était admirateur de Turgot ; mais les hommes au milieu de qui il vivait, l'étaient-ils comme lui ? Il se trouvait alors à Fernay, dans le pays de Gex, s'intéressant fort, comme on sait, aux affaires de son petit canton. J'ouvre sa correspondance du mois de novembre 1776. J'y lis plus d'une fois que Turgot est fort populaire dans le pays, et que les habitants bénissent son nom ; il est vrai que cela est écrit dans des lettres adressées à Turgot ou à ses amis ; d'ailleurs, de quoi s'agit-il d'abord, et quel est le motif de cette popularité ? C'est que la ligne de douanes qui entoure le petit pays de Gex du côté de l'étranger, va être reportée en arrière, c'est-à-dire du côté de la France ; Gex aura encore des douanes, mais elles la sépareront de la France et non plus de la Suisse ; il deviendra donc ce qu'on appelait alors, en terme de douanes, pays étranger. On voit tout d'abord que cette innovation n'a pas un rapport très étroit avec les grandes réformes de Turgot. Gex gagnera d'ailleurs d'autres choses à ce changement ; l'une, d'être délivré de la présence des agents de la Ferme générale ; l'autre, de commercer librement avec la Suisse[1]. Seulement, il faudra payer ce double avantage par un impôt annuel de 30 000 livres Ici s'applique une idée chère à Turgot, celle de substituer la contribution foncière aux impôts indirects ; Gex n'aura plus de douanes ni de gabelle ; mais il paiera une somme fixe prélevée sur toutes les propriétés. Voltaire, qui a d'abord écrit que les paysans poussent des cris de joie, se ravise dès qu'il sait que la somme annuelle est fixée à 30 000 livres et surtout qu'elle devra être payée par les propriétaires. Il la trouve trop forte ; il plaide la cause de son petit canton ; il se plaint au ministre et aux directeurs du ministère ; il paraît même que les habitants se plaignent encore plus haut que lui, et trop haut à son gré ; car il se croit obligé d'écrire à Trudaine, le 3 décembre 1775 : « C'est malgré moi que je vous ai envoyé *les cris de toute ma province* contre les 30 000 livres ».

Il se trouve que le pays de Gex est un pays d'État, c'est-à-dire possède de temps immémorial une assemblée régulière qui vote les impôts, et sans le consentement de laquelle Turgot ne peut faire aucune innovation. Le ministre qui a besoin de ce consentement, a chargé Voltaire lui-même de la négociation qui ne laisse pas d'être assez laborieuse. En effet, Voltaire écrit à Fabry, le 6 décembre, qu'il faut « conjurer » les membres des États d'accepter la réforme. Le 8 décembre, il écrit à Trudaine « qu'il mourra à la peine » pour obtenir que les États acceptent « et même qu'ils remercient ». Il écrit le même jour à Madame de Saint-Julien : « Nous nous assemblerons le 11, pour accepter la *Bulle Unigenitus* purement et simplement, et même en remerciant. » Il se rend à l'assemblée, il parle, il obtient tout, même des démonstrations d'enthousiasme : « ce fut un cri de joie dans toute la province, on mit des cocardes aux chevaux, on tira des pétards, etc.[2] » Puis quelques jours se passent, et, le 22 du même mois, il écrit à Turgot : « Quand je suis allé à nos États, ce n'a été que pour faire accepter purement et simplement vos bontés ; si l'on a fait depuis des représentations, j'en suis très innocent. » Il y a donc eu des représentations faites par les États de Gex entre le 11 et le 22 décembre ; l'enthousiasme a duré peu de temps et l'on n'a guère tardé à se repentir. Le 23, dans une lettre à Trudaine, nous voyons qu'une pétition s'est faite dans le pays contre les réformes et a été couverte de signatures. Le même jour, Voltaire écrit à Morellet : « Bien des gens ont dit qu'il fallait me jeter dans le lac de Genève. » Ainsi les habitants de Gex

---

[1] Voy. Bachaumont, 12 février 1776. — Correspondance de Voltaire, de novembre 1775 au 23 février 1776.
[2] Lettre à Mme de Saint-Julien, 14 décembre.

étaient moins satisfaits que Voltaire ne le dit dans cette phrase écrite à Turgot le 8 janvier : « Ce petit peuple, ivre de joie et de reconnaissance, se jette à vos pieds pour vous remercier. » Lui-même, dans les trois mois qui suivent, ne cesse de réclamer et de se plaindre au ministère. D'abord le chiffre de 30 000 livres lui tient au cœur, et il va jusqu'à trouver que le pays perd au changement. Puis il voit à la pratique les inconvénients qu'il y a à être trop libres du côté de l'étranger et trop peu du côté de la France[1].

Enfin il s'aperçoit des difficultés que présente la subvention territoriale ; il prétend « qu'elle écrase » les propriétaires au profit des artisans. Quand il ne s'agissait que de la suppression de la corvée, « les États soupiraient après l'édit » ; mais quand il s'agit d'établir la subvention qui doit la remplacer, « ils ne savent plus que faire ni que dire[2]. » Voltaire laisse bien voir qu'ils ne peuvent ou ne veulent pas « asseoir la contribution pour suppléer aux corvées[3]. » Il est bon de remarquer qu'en tout cela il n'est question ni de l'opposition du clergé ni des résistances des seigneurs ; les difficultés viennent des petits propriétaires, des bourgeois, des artisans. Nous apercevons clairement, à travers les allusions et les réticences de Voltaire, que ces différentes classes luttent à qui paiera le moins, que les États se refusent à répartir l'impôt, et que le petit pays de Gex est en fermentation.

Je cite ces faits pour montrer que si Voltaire, en admirant et en aimant Turgot, représente le bon sens, la justice, la raison, il ne représente nullement l'opinion populaire. Il est vraisemblable que beaucoup d'autres paysans de France ressemblaient à ceux du pays de Gex. On connaît les émeutes de Dijon, la guerre des farines, les troupes de paysans marchant par centaines pour brûler, non pas encore des châteaux, mais des moulins, ou pour jeter des bateaux de blé à la rivière, protestant à leur façon contre les réformes de Turgot. On a dit que ces émeutes avaient été suscitées et payées par les privilégiés, mais on n'en a jamais fourni la preuve. J'aime mieux m'en tenir sur ce point à l'opinion que je trouve exprimée dans les mémoires de Bachaumont, au 30 mai 1775 : « On a beaucoup varié sur les auteurs de ces émeutes ; on les a successivement attribuées à Maupeou, à l'abbé Terray, aux Anglais, aux Jésuites, au clergé, aux gens de finance ; ceux qui ne cherchent point à raffiner en trouvent tout bonnement la cause dans le nouveau système du gouvernement. » Il est très vraisemblable que les ennemis de Turgot ne firent que mettre à profit l'aveuglement et le mécontentement des foules.

Il me paraît donc inexact de dire que l'opinion publique ait été favorable à Turgot. Je ne doute guère qu'elle n'ait été pour lui durant les premiers mois de son ministère ; mais elle ne tarda pas à l'abandonner. L'émeute de Dijon est du mois de mars 1775 : la guerre des farines est du 3 mai. Puis les pamphlets et les chansons se multiplient. Le 24 septembre 1775, la correspondance Métra, qui est généralement favorable à Turgot, constate qu'il est devenu impopulaire. Trois mois plus tard, le comte de Mercy qui doit rendre compte à Marie-Thérèse de l'état de la France, lui écrit : « Ces changements, qui en produisent de plus considérables dans l'état et la fortune d'un grand nombre de particuliers, exaltent leur humeur contre la cour en général, et il me semble que les esprits aigris prennent une tournure de malignité dont on voit journellement les plus fâcheux effets. ». Mercy ne dit pas que les adversaires de Turgot soient à la cour ; c'est

---

[1] V. dans une lettre du 23 février 1776 l'affaire du sel acheté à Berne. Ailleurs Voltaire se plaint des douaniers établis du côté de la France.
[2] Lettre du 13 mars 1776.
[3] Lettre du 20 mars 1776 à Dupont.

au contraire le public qui s'aigrit contre le ministère et contre la cour même qu'il confond avec lui.

Le 11 janvier 1776, Voltaire écrit : « C'est une chose honteuse qu'on ose décrier *dans Paris* le ministre le plus éclairé que la France ait eu jamais. » Il constate ainsi que Paris, et non pas Versailles, est devenu contraire à Turgot. Quelques jours plus tard, Condorcet écrit au contrôleur général : « La voix du public est contre vous. » Au mois de février, nous voyons par une lettre de Trudaine à Malesherbes « que les effets tombent considérablement à la Bourse. » Ces mêmes effets avaient beaucoup monté dans les premiers temps du ministère de Turgot[1]. Le continuateur de Bachaumont énumère de nombreux pamphlets ; or ils n'étaient pas tous inspirés par la cour ; « chaque jour, dit-il, voit éclore de nouvelles représentations de la part des arts et métiers[2]. » Le 1er mars, Voltaire écrit : « Une guerre civile est dans tous les esprits. » Le 6 avril, on lit dans la correspondance Métra : « La fermentation est générale contre Turgot. » Le comte de Creutz écrit à Gustave III : « Turgot est en butte à la ligue la plus formidable de tous les grands du royaume, de tous les parlements, de toute la finance, de toute la cour, et *de tous les dévots.* » Enfin Mercy écrivant le 13 avril 1776, se sert de cette expression : « La crise présente dans le ministère me cause beaucoup d'inquiétude » ; par quoi il ne veut pas dire seulement qu'il y a des intrigues à la cour contre le ministère, mais que le ministère partout attaqué est à la veille de sa chute.

Tous ces témoignages me paraissent montrer qu'il s'en fallait beaucoup que l'opinion de la majorité des hommes se déclarât en faveur de Turgot. Je souhaiterais sans doute que les remontrances du Parlement contre les réformes eussent été accueillies par le dédain public ; mais les documents du temps prouvent plutôt que c'est le contraire qui a eu lieu.

Examinons maintenant quelle a été la conduite du roi, et cherchons si en revoyant Turgot il a été dupe d'une intrigue de cour. Voici d'abord des dates qui marquent sa pensée à l'égard des réformes. Le 24 août 1774, il nomma Turgot contrôleur-général, non sans être averti que Turgot fera des innovations et qu'il aura les courtisans contre lui. Au mois d'octobre de la même année, il lui dit : « Je vous soutiendrai toujours. » Le 14 novembre, il tient un lit de justice et s'y montre sous l'aspect d'un souverain qui veut être obéi. Le 18 janvier 1775, il oppose aux remontrances du Parlement un langage très ferme[3]. La correspondance Métra porte, à la date du 15 mars : « Turgot a toute la confiance du roi. » Le marquis de Mirabeau écrit le 9 mai 1775 : « Nous n'avons pour le bien que le roi et Turgot ; mais ils sont bien fermes l'un et l'autre. » Le 30 mai, le roi dit à Malesherbes : « Je m'occuperai successivement de faire les réformes nécessaires ; mais ce ne sera pas l'ouvrage d'un moment, ce sera le travail de tout mon règne. » Le 6 janvier 1776, il signe l'édit des corvées. Le 6 février, il signe tous les autres édits de réforme que Turgot lui présente ; et il ne les signe pas sans examen ; il a demandé à Miroménil ses objections et il en a pesé la valeur. Déjà pourtant il sait que l'opinion se détache de Turgot, et il dit : « Il n'y a que M. Turgot et moi qui aimions le peuple » ; mais il tient bon. Le Parlement veut lui présenter ses remontrances le 7 mars ; il refuse

---

[1] Dupont de Nemours, mémoires, t. II, p. 112.
[2] Bachaumont, 20 février 1776.
[3] Isambert, *Anciennes lois françaises,* t. XXIII, p. 134.

de les recevoir. Le 12 mars, il tient le fameux lit de justice, qui est certainement un des actes les plus hardis de l'ancienne royauté. Il écoute les six harangues des magistrats contre les édits, et sans se laisser ébranler, il ordonne de les enregistrer[1]. Au mois d'avril, il signe encore une ordonnance dictée par Turgot sur la liberté du commerce des vins. Jusque-là personne ne songeait à accuser Louis XVI d'irrésolution et de faiblesse. C'est seulement quelques années plus tard que l'irrésolution est devenue le trait saillant de son caractère.

On a supposé qu'il était, au fond de l'âme, opposé aux réformes. Il est vrai que Soulavie a publié des notes que le roi aurait écrites en marge du Mémoire sur les municipalités, notes qui dénoteraient un grand écart entre la pensée du roi et celle de son ministre. Mais il faut remarquer que ce mémoire sur les municipalités n'a jamais été présenté par Turgot au roi. Écrit par « un ami de Turgot », probablement par Dupont de Nemours, et achevé seulement en septembre 1775, il a été mis alors sous les yeux, non du roi, mais de Turgot. Celui-ci eut à peine le temps de le lire ; il voulut « corriger cette esquisse », mais il n'en eut pas le loisir, et le mémoire resta dans les cartons. Publié depuis, il nous est utile en ce qu'il nous fait connaître plusieurs projets de Turgot et de ses amis ; mais comme il n'a pas été présenté au roi, on ne peut dire qu'il ait provoqué la chute de Turgot. Peut-être le roi en eût-il connaissance, mais ce ne fut que bien plus tard ; aussi les annotations qu'il y écrivit en marge, s'il faut en croire Soulavie, portent-elles la date du 15 février 1788[2]. Du reste ces annotations prouvent seulement que Louis XVI était contraire à la série de réformes dont la pensée est marquée dans le mémoire, c'est-à-dire aux réformes politiques, elles ne prouvent pas qu'il le fût à celles que Turgot essayait de réaliser en 1776, c'est à-dire aux réformes économiques et administratives. Ainsi, jusqu'au mois d'avril, on n'aperçoit dans l'esprit de Louis XVI aucune objection, aucun doute sur l'utilité ou sur l'équité des réformes. Il reste énergiquement fidèle à Turgot contre la cour, contre le clergé, contre le Parlement, contre les émeutes.

C'est seulement au mois de mai, ou au plus tôt à la fin d'avril, qu'il change de ligne de conduite. D'où est venu ce revirement ? Il n'est pas douteux qu'il n'y ait eu autour de lui des intrigues de cour. Pourtant il est visible dans tous les mémoires du temps que, du mois de janvier au mois de mai 1776, la cour s'occupa bien plus des réformes du comte de Saint-Germain que de celles de Turgot. Les dates ici ont une grande valeur. Les principaux pamphlets et les plus ardents efforts de la cour contre Turgot sont de l'année 1775, et il est avéré qu'ils n'ont pas produit d'effet sur l'esprit de Louis XVI. Dans les mois qui suivirent, on mit sous les yeux du roi une critique très malveillante et fort habile du budget que Turgot avait dressé ; mais les écrivains qui racontent cette manœuvre, ajoutent qu'elle demeura sans effet[3]. On rapporte aussi qu'il y eut de fausses lettres où l'écriture de Turgot était imitée et que l'on portait au roi ; mais cette histoire est bien peu prouvée, et ce qui l'est moins encore c'est que le roi se soit laissé prendre

---

[1] Isambert, *Anciennes lois françaises*, t. XXIII, p. 398-433.

[2] Soulavie, *Mémoires,* t. III, p. 154.

[3] Foncin, p. 521 ; Dupont de Nemours, *Mémoires*, t. II, p. 138. On sait que Necker fut impliqué dans cette affaire. Le temps nous manque pour examiner quelle part il faut imputer à Necker, à ses amis et à beaucoup de gens de lettres dans la chute de Turgot.

à une ruse si grossière[1]. Resterait à chercher quelle put être l'influence de la reine. On ne saurait prétendre que Turgot lui ait jamais été agréable ; mais on ne voit pas non plus qu'elle se soit montrée ouvertement hostile à ses réformes. Mercy écrit à la fin du mois de janvier 1776 : La reine dit aux courtisans qu'elle n'est pour rien dans les réformes, mais qu'il faut les accepter. Un autre jour, elle écrit que le roi veut les réformes et qu'elle espère qu'il fera prévaloir sa volonté. Enfin, dans une lettre du 13 avril, Mercy déclare que, dans la crise présente du ministère, il ne sait pas quel parti prendra la reine. C'est seulement dans les derniers jours que Marie-Antoinette se décide à agir ; il est vrai qu'elle pousse alors la colère et l'aveuglement « jusqu'à projeter de demander au roi d'envoyer Turgot à la Bastille[2] » ; mais il n'est pas possible de montrer historiquement que ce soit ce caprice qui ait déterminé le roi à renvoyer Malesherbes et Turgot.

Qu'il y ait eu des intrigues et des cabales de cour, on ne saurait le nier ; il y en avait toujours eu contre tous les ministres ; mais qu'elles aient été la cause principale et unique, ainsi qu'on le dit trop souvent, de la chute de Turgot, c'est ce qui est fort contestable. Au moins devrait-on ajouter à toutes ces causes plus ou moins démontrées un autre fait plus certain et d'une bien plus haute importance, c'est que l'opinion s'était détachée de Turgot et que le roi le savait ; les plaintes surgissaient de tous côtés ; il y avait eu des émeutes en 1775, et il y avait encore des émeutes de paysans au mois d'avril 1776. Turgot n'était pas seul impopulaire ; Malesherbes et surtout Saint-Germain l'étaient autant que lui. Mercy avait écrit dès le mois précédent que le ministère était dans une crise, et le public savait que les choses ne pouvaient durer dans l'état où elles étaient. Cette crise ne pouvait se terminer que de deux manières : ou bien le roi garderait ses ministres en bravant l'opinion publique ; seulement il lui serait nécessaire de briser, comme avait fait Louis XV, les parlements qui prétendaient être les organes de cette opinion ; ou bien il céderait, renverrait ses ministres, et retirerait une partie au moins des réformes.

Ici se pose une question : Je me demande, non seulement si Louis XVI avait personnellement assez de fermeté et de vigueur pour choisir le parti le plus hardi, mais encore si la royauté française était assez forte pour cela.

Sans doute, si nous ne regardons que le droit public, tel qu'il était énoncé dans les ordonnances, dans les actes de chancellerie et dans les livres des publicistes officiels, la royauté française était absolue. Ni la noblesse, ni le clergé, ni les parlements, ni le peuple n'avaient aucun droit contre elle. Elle pouvait ce qu'elle voulait ; sa volonté était la loi vivante ; Louis XVI lui-même le disait : « Cela est légal, parce que je le veux. »

Dans la pratique il en était autrement. Aucun roi de France n'avait jamais lutté avec succès contre la majorité du pays. Au XVIe siècle, la royauté avait failli être brisée parce qu'elle s'était trouvée en désaccord avec l'opinion catholique. Louis XI n'avait régné en despote que parce qu'il avait eu pour lui la bourgeoisie, à qui il avait dû faire plus d'une concession. François Ier avait étouffé l'opposition du Parlement, parce qu'il avait eu pour lui la noblesse. Si Louis XIV avait si aisément révoqué l'édit de Nantes, c'est parce que la majorité des Français avait demandé cette révocation. En tout temps la royauté française avait pu se dire absolue ; en aucun temps elle n'avait été omnipotente. Il y

---

[1] Il avait été, en tous cas, averti par Turgot lui-même, qui lui écrivait le 30 avril 1776 : « Je n'ai pas écrit depuis que je suis en place une lettre intéressante par la poste » et qui lui faisait entendre combien il avait à se défier du directeur M. d'Ogni. (Soulavie, *Mémoires*, t. III, p. 426.)

[2] Lettre de Mercy, 16 mai 1776.

avait plus d'un siècle qu'elle s'efforçait de renverser ou de restreindre les privilèges ; elle n'y réussissait pas. Elle avait bien pu soumettre la noblesse au paiement des vingtièmes, elle n'avait jamais pu la soumettre à la taille. Elle nommait les évêques, mais elle autorisait les assemblées du clergé et elle n'y était pas toujours maîtresse. Les financiers n'étaient rien vis-à-vis d'elle ; mais il lui fallait user avec eux des plus grands ménagements, sous peine de compromettre la fortune publique et la sienne. Les magistrats n'étaient, en théorie, que ses agents et ses fonctionnaires ; mais elle ne les nommait pas et ne pouvait les destituer. Si les parlements refusaient de rendre la justice, toute la vie du corps social se trouvait arrêtée et l'administration devenait impossible. La puissance de ces parlements avait grandi à mesure que celle de la noblesse avait décliné. « Les rois, dit le baron de Bésenval[1], ne pouvaient plus réprimer les parlements. » Louis XV les avait supprimés ; mais il faut rentrer dans le détail de cet événement pour voir combien l'acte de Louis XV était hardi ; les contemporains l'ont appelé « une révolution[2] » ; la plus grande partie de la bourgeoisie s'est prononcée avec une singulière énergie contre « le régime despotique » qui fut le résultat de cette mesure. Au moins Louis XV, brisant les parlements, savait qu'il pouvait compter sur la noblesse et le clergé, deux classes qui avaient presque toujours été les ennemis de la magistrature et qui l'étaient surtout en 1770. C'est à l'alliance de ces deux classes que Louis XV avait dû de pouvoir frapper un si grand coup. Louis XVI rétablit les parlements, et ce fut peut-être la plus grande faute qu'il pût commettre[3]. Une fois commise, pouvait-il la réparer ? Pouvait-il renouveler le coup d'État de Louis XV ? La situation n'était plus la même qu'en 1770 ; les parlements, en 1776, étaient étroitement unis à la noblesse et au clergé ; une coalition s'était faite entre ces trois corps, et à eux se joignaient la finance, la bourgeoisie, les corporations d'arts et métiers. La royauté était-elle de force à lutter contre une pareille coalition ? Je cherche dans l'histoire de l'ancienne monarchie une situation analogue, et je n'en trouve aucune. Elle ne pouvait même pas compter sur l'armée, qui tout entière, officiers et soldats, était mécontente. Si le Parlement venait à refuser, comme il avait fait sous Louis XV, de rendre la justice, la plus violente anarchie se répandait sur la France et l'impuissance de la royauté éclatait à tous les yeux[4].

Dans une telle situation, Louis XVI devait-il se roidir ou céder ?

Il céda, peut-être un peu par faiblesse de caractère, mais aussi parce qu'il voyait la situation telle qu'elle était, et parce qu'il craignait, en prolongeant la lutte, de n'être pas le plus fort. Il laissa partir Malesherbes et renvoya Turgot. Ce fut un malheur pour la France ; mais faut-il accuser de ce malheur la seule faiblesse du roi ou les intrigues de la cour ? Je ne nie pas cette faiblesse et ces intrigues, mais je ne crois pas qu'elles soient toute la vérité. Il me paraît plus complètement vrai de dire qu'il faut imputer la chute de Turgot à la France presque entière, y compris la cour et Louis XVI.

---

[1] Bésenval, *Mémoires*, t. II, p. 203.

[2] Bésenval, t. II, p. 193 ; Bachaumont, 9 juin 1775.

[3] Georgel et Soulavie *(Mém.,* t. III, p. 131) prétend que Turgot était favorable au rappel des parlements. Nous aimons mieux croire, avec Dupont de Nemours, qu'il s'y opposa autant qu'il put dans le conseil du roi. Ce premier échec fut ce qui détermina plus tard sa chute ; c'est dans l'édit du 12 novembre 1774 qu'il faut chercher la véritable cause de l'insuccès de Turgot.

[4] Bésenval (t. II, pages 202 et suivantes) fait très justement remarquer que si Louis XVI avait été assez hardi pour détruire les parlements, comme avait fait Louis XV, il n'aurait pas pu trouver les magistrats qui consentissent à les remplacer.

La bibliothèque nationale et le communisme

par Gustave de Molinari

Dans un passage de ses *Soirées de la rue Saint-Lazare* (1849), prochainement rééditées dans le volume 6 de ses *Œuvres complètes,* Gustave de Molinari offre une critique très vive de la Bibliothèque nationale et des institutions culturelles publiques ou subventionnées. La gratuité des bibliothèques, écrit-il, c'est du communisme, et dans l'intérêt même de la diffusion des lumières, il est urgent de fermer les bibliothèques publiques.

LE CONSERVATEUR. L'art ne s'abaisserait-il pas en se vulgarisant ?

L'ÉCONOMISTE. Je suis convaincu, au contraire, qu'il s'élèverait et s'élargirait. Chaque fois que la production se développe, elle se perfectionne. On se plaint aujourd'hui de ce que l'art dramatique languit et s'abaisse. Fiez-vous à la liberté pour le relever et le vivifier.

Ce qui est vrai pour les théâtres, ne l'est pas moins pour les bibliothèques, les musées, les expositions, les académies.

LE SOCIALISTE. Quoi ! vous voudriez que l'État cessât d'ouvrir librement ses bibliothèques au public ?

L'ÉCONOMISTE. Je suis d'avis qu'il faudrait fermer les bibliothèques publiques dans l'intérêt de la diffusion des lumières.

LE CONSERVATEUR. Ah ! le paradoxe est par trop violent. Je m'insurge à la fin.

L'ÉCONOMISTE. Insurgez-vous, mais écoutez. L'État possède un certain nombre de bibliothèques. Le gouvernement en ouvre quelques-unes gratuitement au public. Il ne les ouvre pas toutes, notez-le bien. Certaines bibliothèques ne sont que des prétextes à bibliothécaires. Les dépenses de gestion des bibliothèques publiques, en y comprenant l'entretien des bâtiments, s'élèvent annuellement à plus d'un million. Ce qui signifie que tous les contribuables sont imposés, taxés, pour que certains individus puissent aller étudier ou lire gratis à la Bibliothèque nationale, à la bibliothèque Mazarine et ailleurs. Si les bibliothèques publiques étaient exploitées par des particuliers, on économiserait d'abord tout le montant des frais de perception de l'impôt. Les consommateurs de livres débourseraient une somme inférieure à celle qui est aujourd'hui payée par la nation.

LE CONSERVATEUR. Oui, mais ils paieraient quelque chose, et, aujourd'hui, ils ne payent rien. Et n'est-ce pas une détestable économie que celle qui consiste à lésiner avec la science ?

L'ÉCONOMISTE. C'est une détestable économie, en effet. Mais recherchez bien, je vous prie, comment on emploie ce million dont les contribuables font annuellement cadeau aux consommateurs de livres. Examinez les établissements particuliers de

France, et si vous en trouvez un seul dont l'administration soit aussi mauvaise que celle de la Bibliothèque nationale, par exemple, un seul où la richesse soit aussi mal utilisée et le public aussi mal servi, je vous donne gain de cause.

LE SOCIALISTE. Le service de la Bibliothèque nationale est déplorablement organisé, cela est certain. Il n'y a pas en France un seul établissement industriel qui ne fasse chaque année son inventaire ; la Bibliothèque n'a pu réussir encore à achever le sien. Commencé depuis un temps immémorial, son catalogue n'est point terminé. Mais on pourrait administrer mieux ce grand établissement national.

L'ÉCONOMISTE. Je ne le pense pas. Aussi longtemps qu'elle demeurera enclavée dans le vaste communisme de l'État, la Bibliothèque nationale ne saurait être bien administrée.

En réalité donc, la gestion communiste des bibliothèques publiques a pour résultat de soustraire au public la plus grande partie des trésors de la science. Mettez ce capital entre les mains de l'industrie particulière et vous verrez quel parti elle en saura tirer. Vous verrez combien les richesses scientifiques aujourd'hui si lentes et si difficiles deviendront rapides et faciles. On ne perdra plus de longues heures et souvent de longues journées à attendre vainement un livre ou un manuscrit ; on sera servi tout de suite. L'industrie privée ne fait pas attendre.

La science y perdrait-elle ?

LE CONSERVATEUR. Un moyen-terme n'est-il pas possible ? Les bibliothèques ne peuvent-elles subsister auprès des bibliothèques exploitées par l'industrie privée ?

L'ÉCONOMISTE. C'est le régime bâtard qui existe actuellement. D'un côté, vous avez des bibliothèques publiques, où des richesses innombrables demeurent à peu près improductives ; de l'autre, des cabinets de lecture chers et mal pourvus.

Si les bibliothèques *gratuites* n'existaient point, les cabinets de lecture prendraient des proportions considérables ; toutes les richesses de la science et des lettres viendraient s'y accumuler *utilement* ; chaque catégorie de connaissances aurait bientôt sa bibliothèque spéciale, où rien ne manquerait aux faiseurs de recherches ; où les richesses scientifiques et littéraires seraient mises à la disposition du public aussitôt qu'elles seraient produites. La concurrence libre obligerait, en même temps, ces établissements à abaisser leurs prix au taux le plus bas possible.

LE SOCIALISTE. N'importe ! Les étudiants pauvres et les savants besogneux seraient à plaindre sous ce régime.

L'ÉCONOMISTE. Les frais de bibliothèque ou de cabinet de lecture forment la moindre partie des dépenses d'une éducation. Quant aux savants pauvres, ils travaillent généralement pour des libraires qui leur tiennent compte de leurs frais de recherches. Une partie de ces frais retombent aujourd'hui à la charge des contribuables. Ne serait-il pas plus juste qu'ils fussent exclusivement à la charge des acheteurs de livres ? Ceux-ci, du reste, n'y perdraient rien, car les livres deviendraient plus substantiels, si les recherches devenaient plus faciles.

Je n'ai donc pas fait le moindre paradoxe, en disant qu'il faut fermer les bibliothèques publiques dans l'intérêt de la diffusion des lumières. La gratuité des bibliothèques c'est du communisme ; et, qu'il s'agisse de science ou d'industrie, le communisme c'est de la barbarie.

La science du libéralisme économique

Jean-Baptiste Say, *Œuvres complètes, volume III : Catéchisme d'économie politique et opuscules divers*, Economica, 2020.

Le volume que nous avons sous les yeux forme la suite très attendue des *Œuvres complètes de Jean-Baptiste Say*, travail collectif de premier plan, entamé depuis vingt ans déjà, et qui entend donner la correspondance, les manuscrits, les articles et les différentes éditions des ouvrages de celui qui est peut-être l'économiste libéral le plus fameux de notre histoire.

Après les *Œuvres morales et politiques* (tome V), les *Leçons d'économie politique* (tome IV), le *Traité d'économie politique* (tome I, en 2 volumes) et le *Cours complet d'économie politique* (tome II), c'est au tour du *Catéchisme d'économie politique*, accompagné de plusieurs textes d'importance diverse, de voir le jour dans une édition soignée.

À lire, l'une à la suite de l'autre, les grandes productions intellectuelles de Jean-Baptiste Say, c'est tout un monde libéral et républicain qui s'ouvre à la pensée. Le gouvernement limité, et qui tend à s'éteindre ; la fraternité des nations, par l'échange libre et une politique de non-intervention ; la dignité humaine, le plein déploiement des facultés individuelles, la liberté de la pensée : l'auteur y présente, dans toutes ses facettes, les cadres d'une société libre et prospère, qui sanctionne par sa seule existence virtuelle toutes les errances des sociétés contemporaines.

Ceci, toutefois, est le résultat d'une agglomération et d'une vue d'ensemble. Car toute l'œuvre de Jean-Baptiste Say n'est pas d'égale valeur, ou, pour parler plus précisément, et comme lui, n'est pas d'égale *utilité* ; toute son œuvre en effet n'a pas aussi bien vieilli.

Rien ne le prouve mieux que le présent volume. L'ambition du *Catéchisme d'économie politique* avait été de présenter synthétiquement, dans un jeu constant de questions-réponses, les grandes conclusions théoriques de la science économique du temps.

La forme surprend, à première vue ; mais comme a priori aucun de nous n'est très habitué à la lecture des catéchismes, comme ils se pratiquaient à l'époque, le dépaysement n'est pas absolu. Et l'on peut même prendre plaisir à voir un auteur pousser l'audace de sa pensée jusqu'à contrefaire pour le plaisir la forme des documents religieux les plus accrédités, et alors parler de commerce, de production et d'échange.

Ceci est dit quant à la forme ; voyons le fond. Aujourd'hui, la théorie de la rente de Ricardo ou la discussion aride sur la nature de la valeur, n'ont rien pour nous enthousiasmer, ni pour nous convaincre. Les conceptions générales de l'auteur sur la nature de la production, les différentes formes qu'elle prend, et comment travail et capital se tiennent la main, pourraient encore intéresser, dans un ouvrage élémentaire contemporain, et même surprendre, car notre époque s'est rangée à des conclusions moins harmoniques et libérales que Say. Mais dans son ensemble, le propos est difficile à lire, et cette œuvre de doctrine ne se reçoit plus que comme un ouvrage d'histoire.

Toutefois, ceux qui, admettant ce point, auront le courage de plonger dans les aridités du *Catéchisme d'économie politique*, voire même des *Lettres à Malthus* qui en suivent ici la réédition, pourront se trouver payés de leur peine, lorsqu'ils arriveront — comme ailleurs certains dans la lecture des *Essais* de Montaigne — devant une perle, une image bien rendue, un propos de grande force. J'en donnerai ici quelques exemples, pour prouver que la lecture n'en est pas tout à fait infructueuse.

Dans le chapitre XIII, Say étudie l'une des formes de la consommation des richesses, qui est celle faite par les hommes réunis en communautés, et qui se nomme *les consommations publiques*. Et après une définition, voici l'échange qui s'engage :

« *Qu'observez-vous en général relativement aux dépenses publiques ?* — Que le public n'est jamais servi à aussi bon marché que les particuliers. — *Quelles en sont les raisons ?* — Il y en a trois. La première, que les circonstances politiques déterminent en général le nombre et le traitement des fonctionnaires publics, et que leurs services ne sont point par conséquent abandonnés à une libre concurrence. La seconde, que ceux qui décident des dépenses publiques, y consacrant un argent qui n'est pas le leur, en sont moins avares que les particuliers. La troisième, que les travaux exécutés pour le public, sont moins facilement surveillés, et ne le sont jamais par l'intérêt personnel. » (Ici page 50.)

Dans la discussion des impôts, on trouve aussi cette remarque pleine de sens, que notre génération fait trop peu souvent : c'est que l'impôt n'est pas simplement la somme de ce que paie l'individu au percepteur, au Trésor public, au fisc. On dit encore que l'inflation est un impôt, et dans une certaine mesure cela est vrai, et doit être compté également. Mais on oublie souvent d'ajouter que lorsque l'État monopolise une branche de l'économie, et fait payer ses produits 120, quand la libre concurrence pourrait les donner à 100, on ne peut nier qu'il y ait ici 20, qui représentent à proprement parler un impôt. Dans toutes les sociétés, il peut être, et, malgré nos moyens présents, il est encore difficile de déterminer pour toutes ces branches monopolisées ou entravées diversement, ce que l'État *nous fait payer* en supplément, ou *le prix* de l'intervention publique. Mais ce prix existe, et Jean-Baptiste Say l'enseignait. Voici le passage : « Le gouvernement, écrit-il, se réserve quelquefois l'exercice exclusif d'une certaine industrie, et à l'aide du monopole en fait payer les produits beaucoup au delà de ce qu'ils lui coûtent de frais de production, comme quand il s'attribue la fabrication exclusive et la vente du tabac, ou bien le transport des lettres par la poste. Dans ce dernier cas, l'impôt n'est pas égal à la totalité des ports de lettres, mais seulement à la partie de ce port qui excède ce qu'il coûterait si ce service était abandonné à une libre concurrence. » (Page 176)

Toutefois, malgré des aperçus parfois de grande valeur, le *Catéchisme* pèche toujours par la brièveté de ses explications : c'est la contrepartie de l'effort de vulgarisation. Ainsi il n'y a guère de raisons approfondies données, lorsque Say suggère que l'État a un rôle de protecteur dans le commerce de la pharmacie ou celui des matières d'or et d'argent (page 73), quand il repousse l'action des syndicats comme entravant et illégitime (page 76).

Son opinion sur les tempéraments à assurer dans la réforme du libre-échange sont mieux connus et, ici même, mieux exposés. Say craint qu'une réforme brusque, qui verrait la suppression des barrières douanières, n'élimine du jour au lendemain des fortunes acquises, des positions établies, et il préférerait une voie modérée, où des aménagements puissent être pris. Il s'en explique ici avec assez de soin. (Pages 76 et 138.)

Mais comment se satisfaire, à l'inverse, lorsqu'une question brûlante du temps présent est jugée en quelques phrases ? C'est le cas des épidémies (page 159), et encore de l'immigration. À la question : « Quel avantage procurent à un pays des hommes qui y arrivent du dehors, avec des capitaux et de l'industrie ? » Say répond : « C'est un nouveau commerce qui s'ouvre. Par la demande qu'ils font aux anciens habitants de leurs produits, ils leur procurent de nouveau profits ; et par les objets qu'ils créent et donnent en échange, ils leur procurent de nouvelles jouissances. » (Page 160.) Naturellement, l'hypothèse même qui est faite, n'emporte pas toute la question : et l'interrogation sur le cas où ces hommes viendraient sans capitaux et sans industrie, n'est pas présentée. Ici, comme souvent, la discussion reste tronquée, et celui qui n'aurait pas la ressource de lire les autres ouvrages plus étendus de Jean-Baptiste Say, ne saurait ni où se tenir, ni quel enseignement tirer de lui. D'où cette conclusion que nous risquons, que peut-être les productions savantes de l'auteur comme le lourd *Traité d'économie politique*, valent mieux aujourd'hui que l'ouvrage qui devait les résumer tous. En déconseillant le *Catéchisme* ou les *Lettres à Malthus*, qui forment ce volume, nous n'en rendrons pas moins hommage aux éditeurs qui viennent d'en assurer la republication, car elle est honnête et savante.

Benoît Malbranque